谱写中国梦贵州篇章红色文库·赶超步履篇

乌蒙山上同心结

多党合作在贵州的实践深化

WUMENGSHANSHANG TONGXINJIE

DUODANGHEZUO ZAI GUIZHOU DE SHIJIAN SHENHUA

中共毕节市委党史研究室
（毕节市地方志编纂委员会办公室）◎著

社会科学文献出版社
SOCIAL SCIENCES ACADEMIC PRESS (CHINA)

《谱写中国梦贵州篇章红色文库》

本 册 主 审 冯祖贻　潘圣群

主　　　编 高隆礼　潘圣群

副 主 编 吴南剑

执 行 主 编 刘　宇

编 写 组 吴南剑　饶艳兰　刘　宇　王　显

总　序

习近平指出，一切向前走，都不能忘记走过的路；走得再远，走到再光辉的未来，也不能忘记走过的过去，不能忘记为什么出发。面向未来，面对挑战，全党同志一定要不忘初心，继续前进。近代以来，特别是中国共产党领导全国人民进行革命和建设以来形成的红色文化，正是这来时之路的精气神的沉淀，在中华民族源远流长的历史文化长河中占有重要而特殊的地位，是构建社会主义核心价值体系、践行社会主义核心价值观的重要基石，是实现中华民族伟大复兴的中国梦的强大精神力量。

贵州拥有丰富的红色文化资源，蕴藏着深厚的红色文化底蕴，如何更深入、更系统、更广泛地挖掘、保护、研究、开发和弘扬这些宝贵的红色文化遗产，是时代赋予我们的光荣而艰巨的使命。贵州省委宣传部、贵州省委党史研究室、贵州省文化和旅游厅坚持以习近平新时代中国特色社会主义

思想为指导，协调组织相关部门和专家学者，精心编纂
《谱写中国梦贵州篇章红色文库》，陆续推出革命史话篇、
红色画卷篇和赶超步履篇共 30 余部著作，恢宏再现贵州为
中国革命、建设和改革开放所做的特殊贡献，多视角展望中
国梦贵州篇章的奋斗历程和美好前景。

　　这套文库记载了从 19 世纪 40 年代鸦片战争到改革开放
的今天，贵州各族人民为实现中华民族伟大复兴梦想而付出
巨大牺牲、铸就永恒辉煌的奋斗历程。170 多年的求索岁
月，贵州这片红色的土地上，孕育出各族人民反帝反封建的
民族斗争文化；党中央和各路红军转战贵州、实现伟大转折
的红军长征文化；为中国革命胜利做出巨大牺牲和贡献的革
命老区文化；支援全国抗击和抵御日本帝国主义侵略的抗战
文化；党领导贵州各族人民反抗国民党反动统治、争取翻身
解放的革命文化；建立和保卫贵州新生革命政权的剿匪斗争
文化；开发贵州和巩固国防的"三线"建设文化；以及在
加快改革开放和全面小康征程中展现的新时代贵州精神等。
通过文库的集中呈现，将为贵州后发赶超、全面小康进一步
提供强大的精神动力。

　　当前，改革正向纵深发展，国际国内形势错综复杂，我
们绝不能对意识形态和思想文化领域的阵地争夺战掉以轻
心。《谱写中国梦贵州篇章红色文库》的问世，就是要以厘
清历史、彰显真理、弘扬正气、坚定理想信念为主旨，用扎
实详尽的史料和历史积淀的强大精神力量筑牢思想防线，激
励我们不忘初心，牢记使命，奋力实现中华民族伟大复兴的

中国梦的宏伟蓝图。

我们要以文库所彰显出的道路探索成就，坚定谱写中国梦贵州篇章的道路自信。100多年来，多少仁人志士前赴后继，孜孜以求，追寻救国救民真理。贵州各族人民历经艰辛探索，最终在中国共产党的领导下迎来解放和翻身当家做主，与全国一起走上中国特色社会主义道路。历史已经证明并将继续证明，没有共产党就没有新中国，只有社会主义才能救中国，只有改革开放才能发展中国。我们坚信，只要坚持中国共产党的领导，坚持改革发展的正确方向，坚定不移地走中国特色社会主义道路，贵州的发展一定会日新月异，中华民族的伟大复兴将指日可待。

我们要以文库所彰显出的革命精神成果，激发谱写中国梦贵州篇章的奋斗精神。文库紧紧围绕鸦片战争以来，特别是中国共产党成立后并在她的带领下贵州人民为实现中华民族伟大复兴的共同梦想，不屈不挠、艰苦奋斗的主线，展现了贵州各族人民在抗击侵略和抵御外敌、支援红军和保卫苏区、反抗国民党反动统治、建立和巩固新生人民政权、积极投身三线建设和西部大开发、战胜雪凝和水旱灾害，以及红军长征在贵州实现伟大转折等艰苦卓绝的奋斗中所彰显出的伟大革命精神。以远大的理想引领人，以崇高的精神激励人，以宝贵的经验启迪人，以光辉的事迹鼓舞人，进一步激发全省人民后发赶超、全面小康的精气神，正是弘扬革命精神的价值所在。

我们要以文库所彰显出的群众路线活力，凝聚谱写中国梦贵州篇章的大众力量。丛书昭示了这样一个真理：只有人民群众才是历史的真正创造者。无论是革命、建设还是改革开放新时期，只要我们党紧紧依靠群众、团结群众，一切为了群众，执行好党的群众路线，我们的事业就能顺利推进，无往而不胜。中国梦是人民大众的梦，实现中国梦要依靠大众的力量。只有坚守群众路线这条生命线，才能获得广大人民群众的真心拥护和支持，实现中国梦才会有取之不尽、用之不竭的力量源泉。

《谱写中国梦贵州篇章红色文库》代表了贵州红色文化领域研究的较高水平和优秀成果，对于传播红色文化、传承红色基因，意义十分重大。参与文库编纂工作的同志们胸怀大局、把握大势，以强烈的责任意识和担当精神，付出了卓越的智慧、大量的心血及辛勤的汗水。宝剑锋从磨砺出，梅花香自苦寒来。愿文库为贵州经济社会跨越发展助力加劲，为贵州文化事业大繁荣大发展增光添彩，祝中国梦贵州篇章绚丽辉煌！

目　录

前　言

　　毕节是 1988 年 6 月时任贵州省委书记的胡锦涛同志亲自倡导，并报经国务院批准建立的"开发扶贫、生态建设"试验区。

（一）

　　毕节位于贵州省西北部，地处川、滇、黔三省接合部，东靠贵阳市、遵义市，南连安顺市、六盘水市，西邻云南省昭通市、曲靖市，北接四川省泸州市，为乌江、北盘江、赤水河发源地。辖七星关区、大方县、黔西县、金沙县、织金县、纳雍县、赫章县、威宁彝族回族苗族自治县、百里杜鹃风景名胜区和金海湖新区等 10 个县（区），250 个乡（镇、办事处），面积 26848.5 平方公里，2016 年末人口数为916.9 万，居住着汉、彝、苗、回、白、布依等 38 个民族。

　　毕节试验区正处在滇东高原向黔中山原丘陵过渡的倾斜地带，境内多山，西高东低，平均海拔 1600 米，赫章韭菜坪海拔 2900.6 米，为全省最高点；最低处位于金沙县与仁怀市、四川省古蔺县交界的赤水河谷，海拔457米。毕节试验区是典型的喀斯特山区，山高谷深，切割度大，相对高差达2443米。大部分地方属亚热带湿润气候，森林覆盖率达46.23%。冬无严寒，夏无酷暑，四季分明，气候宜人，适合于多种农作物生长和动物的繁衍。区内河流分属长江、珠江两大水系，流域面积在10平方公里以上的有193条，100平方公里的有80条，总径流量为128.2亿立方米，水能资源理论蕴藏量为221.2万千瓦，可开发量为161万千瓦。

（二）

毕节试验区是我国第一个也是唯一一个"开发扶贫、生态建设"试验区，旨在挑战人口膨胀、生态恶化、经济贫困"三大难题"，在被联合国有关专家称为"不具备人类基本生存条件"的喀斯特贫困山区，探索人与资源、人与环境、人与自然相协调、和谐发展、可持续的科学发展路子。

30年来，试验区坚持"开发扶贫、生态建设、人口控制"三大主题不动摇，整合各方力量，发挥自身优势，把外部支持转化为内生动力，统筹解决贫困、生态、人口问题，跳出了喀斯特贫困山区"越穷越生—越生越垦—越垦越穷"的恶性循环怪圈，探索出科学发展新路。

毕节试验区是一个综合性改革试验区，它的改革、试验、建设和发展，在推动毕节经济社会实现跨越式发展的同时，探索积累了宝贵的实践经验，彰显了"近期作示范，长远探路子"的试验示范作用。为我国西部类似贫困地区全面建成小康社会提供了典型样本，为多党合作服务改革发展积累了新经验，具有重要的现实意义和深远的历史意义。

（三）

毕节试验区建设所取得的每一项成就，都凝聚着党和国家领导人的心血。

2009年4月30日，胡锦涛指出："各民主党派中央、全国工商联20年如一日，积极支持和参与毕节试验区建设，取得了显著成绩。中央统战部深入调查研究，认真总结经验，加强对这项工作的指导，十分必要。望持之以恒，扎实推进，不断取得新的成绩。"2010年5月26日，胡锦涛批示："各民主党派中央、全国工商联和中央统战部积极支持毕节试验区的发展，取得了明显成效，积累了宝贵经验。希望有关方面继续努力，把各项安排落到实处，加快支持毕节科学发展步伐。"温家宝、贾庆林、回良玉等同志也多次对毕节试验区的建设做出重要指示。全国政协副主席、中央统战部前部长杜青林3次深入毕节调查研究，指导工作。

2014年3月7日，北京召开全国"两会"期间，中共中央总书记习近平同志到贵州代表团参加讨论，在谈及毕节试验区的开发扶贫时，特意向贵州代表团深情地念了他父亲习仲勋于1985年对赫章县农村部分农民缺粮断炊内部报道的重要批示全文。时隔两个多月，2014年5月15日，习近平总书记在贵州省委上报的《关于毕节试验区建设发展情况的报告》上，对毕节试验区工作做出了长篇重要批示。2014年6月24日，习近平总书记将中共中央办公厅调研室呈报的《为加强贫困地区生态文明建设探路——来自毕节生态文明先行区的调研报告》批转中共中央政治局常委、国务院总理李克强，中共中央政治局常委、全国政协主席俞正声，中共中央政治局常委、国务院副总理张高丽同志阅。李克强、俞正声、张高丽分别对来自毕节试验区的调研报告做了重要批示。中央领导要求毕节试验区坚持扶贫开发与生态保护并重，进一步完善政策措施，加强贫困地区生态文明建设，促进人口、经济与资源环境协调发展，走出一条贫困地区全面建成小康社会的新路子。

（四）

毕节试验区从筹建开始，就在中国共产党的领导下，中央统战部协调民革、民盟、民建、民进、农工党、致公党、九三学社、台盟8个民主党派中央，全国工商联，中央国家机关多个部委和试验区专家顾问组长期参与试验区建设。随着形势的发展，中央统战部组织协调北京、天津、河北、辽宁、上海、江苏、浙江、福建、山东、广东等十省（市）党委统战部门，携手对口帮扶毕节的深圳市，长期坚持不懈地参与支持试验区建设，充分发挥各自知识密集、人才荟萃、联系面广的优势，殚精竭虑，奉献青春年华，服务毕节试验区建设。

2010 年 6 月 28 日，在北京召开的统一战线参与支持毕节试验区建设联席会议第三次全体（扩大）会议上，通过了《统一战线参与毕节试验区建设近期工作计划》，首次确定以同心工程为品牌，实施"智力支持、改善民生、生态建设、示范带动"四大工程，2011 年增加"助推发展"，形成五大工程。2010 年 11 月，杜青林同志亲赴毕节，召开了统一战线参与毕节试验区建设座谈会，要求统一战线凝心聚力，着力打造同心品牌。时任省委书记栗战书高度赞扬同心工程是富民工程、合作工程、民心工程、德政工程。

2011 年春节前召开的党外人士迎春座谈会上，胡锦涛指出：中国共产党成立以来 90 年波澜壮阔的历史和实践充分证明，思想上同心同德、目标上同心同向、行动上同心同行，是中国共产党领导的多党合作和政治协商制度最鲜明的特质，是我们不断夺取革命、建设、改革事业胜利的有力保证。胡锦涛关于同心重要思想的论述，第一次鲜明提出同心的重要价值和深刻内涵，深刻揭示了同心的重大理论意义和实践意义，是多党合作理论的最新发展，为统一战线同心品牌提供了理论依据。

（五）

近几年来，中央统战部、各民主党派中央、全国工商联、专家顾问组、国家有关部委、东部十省市和贵州省委省政府进一步加大了对毕节试验区建设的支持力度，参与范围扩大、措施更加有力、帮扶成效凸显，毕节经济社会发展迅猛，统一战线参与毕节试验区建设从理论到实践都获得丰硕成果。

总结了服务科学发展的"毕节经验"。统一战线参与毕节试验区建设的"毕节经验"，是以各民主党派、工商联为参与主体、以智力支持为主要内容和特点、以长期共同支持一个贫困地区为形式。其显著特征为：以人文发展、智能发展、绿色发展、跨越式发展和可持续发展为目标。其价值理念为：以同甘共苦、同心协力、同舟共济为核心内容。

培育了同心工程品牌。中央统战部在全国实施的"助推发展、智力支持、改善民生、生态建设、示范带动"五大工程，成为统一战线服务科学发展的同心品牌。同心是统一战线存在和发展最坚实的根基、价值追求最核心的体现、鲜明特色最集中的反映、作用发挥最重要的保障。最终目标是实现参政党与执政党同心、统一战线各界人士与党同心、人民群众与党同心。同心品牌始终突出以人为本、强化聚合效应、彰显统战特色、注重统筹协调，凸显了政治性、人文性、教育性、系统性。

（六）

毕节试验区是与统一战线有着特殊情缘的地方，毕节试验区 30 年的辉煌发展凝聚着统一战线的心血；毕节试验区未来的发展与同步小康目标的实现离不开统一战线的倾力支持。习近平总书记"为贫困地区全面建成小康社会闯出新路子、在多党合作服务改革发展实践中探索新经验"的殷切期望，将鞭策毕节试验区谱写统一战线工作的新篇章。

乌蒙高原爽，扬帆争朝夕。毕节试验区人民将以习近平新时代中国特色社会主义思想为指引，按照"113 攻坚战"的总体部署，团结带领全市干部群众，接好薪火相传接力棒，跑好同步小康冲刺跑，为决战贫困凝聚最广泛的力量，在同步小康的进程中探索出多党合作服务改革发展的新经验，不辜负习近平总书记的亲切关怀与殷切期望，不辜负毕节试验区这方神奇而美丽的热土。

第一章　多党合作视角下的
同心诠释

一　二人同心，其利断金

一个国家选择什么样的治理体系，是由这个国家的历史传承、文化传统、经济社会发展水平决定的，是由这个国家的人民决定的。

一个国家选择什么样的政治发展道路，有其清晰的历史逻辑和现实逻辑。而历史和现实反复告诉我们，发展民主的最好道路，总是在自己脚下的土地上。

今天的国家治理体系，是在我国历史传承、文化传统、经济社会发展的基础上长期发展、渐进改进、内生性演化的结果。

中华民族具有五千多年连绵不断的文明历史，创造了博大精深的中华文化，中华文化积淀着讲仁爱、重民本、守诚信、崇正义、尚和合、求大同的时代价值。

《周易·系辞上》曰："二人同心，其利断金；同心之言，其臭如兰。"孔子强调"礼之用，和为贵"；孟子认为"天时不如地利，地利不如人和"；儒家经典《中庸》指出，"和也者，天下之达道也"；秦汉经典倡导"大同世界"。到了近代，康有为著《大同书》，孙中山提倡"五族共和"，这形成了中国的和合文化传统。

和合思想是中国传统文化中被普遍认同和接受的一种人文精神，它积淀于各个时代的各家各派思想文化之中，贯穿于整个中国思想文化发展的始终。和合文化精神源远流长，要达到"和合"，就要做到"和而不同"，既要坚持原则性又要尊重差异性，在相互碰撞中形成共识，兼容并蓄，博采众长，以达到"和谐而不千篇一律，不同而又不相互冲突；和谐以共生共长，不同以相辅相成"的境界。一个国家的政党制度只有建立在本国的文化基础上，与本民族的文化心理相符合，它才具有合理性，才能形成巨大的前进动力，凝聚强大的社会力量。

实现民族复兴，是所有中华儿女的共同愿望，也是一项极其艰巨的历史任务。它需要求同存异、体谅包容，把不同党派、不同民族、不同阶层、不同群体、不同信仰以及生活在不同社会制度下的全体中华儿女都团结起来、凝聚起来，"心往一块想，智往一起聚，力往一处使"。在这个过程中，中国共产党领导的多党合作和政治协商制度充分显示出其作为基本政治制度的强大生命力。

这一堪称伟大创造的基本政治制度，符合人民意愿，充满东方智慧，彰显中国气派。它在确立之初便完成了协商建国的神圣使命，并持续为新中国的前行提供良好的政治环境，也为现代化事业激发出源源不断的内生动力。

"同心同德、同心同向、同心同行"，是对中国共产党与各民主党派、无党派人士风雨同舟历史经验的总结与升华。

二　同心，阐释了多党合作的根本成因

政党制度是国家政治制度的重要组成部分。

一个国家采取什么样的政党制度，是由该国的经济、政治、社会、历史发展等多种因素所决定的。各国政党制度的不同，体现了人类社会历史发展的多样性。

中国共产党领导的多党合作和政治协商制度是我国的一项基本政治制度。这项制度是在党领导人民争取民族独立和阶级解放的长期武装斗争历程中逐步形成的，是在我们党领导全国人民进行社会主义建设和改革开放的伟大实践中不断完善发展的。它既不同于西方资本主义国家的多党制或两党制，也有别于一些国家实行的一党制。邓小平指出："在中国共产党的领导下，实行多党派的合作，这是我国具体历史条件和现实条件所决定的，也是我国政治制度中的一个特点和优点。"[①]

1840 年鸦片战争后，中国逐步沦为半殖民地半封建社

---

① 邓小平：《各民主党派和工商联是为社会主义服务的政治力量》，《邓小平文选》第二卷，人民出版社，1994，第 205 页。

会。为改变中国，资产阶级曾经尝试走资本主义道路，实行议会民主制和多党政治，却没有成功。1905年，孙中山创建中国同盟会，政党开始登上中国政治舞台。辛亥革命后，1911~1913年中国出现300多个政党政团。以孙中山领导的国民党为代表的资产阶级党派同主张君主立宪及代表封建势力的党派进行了激烈竞争，国民党在议会中得到392席，超过其他几个大党的总和。但1913年3月宋教仁准备北上组阁时，在上海车站被袁世凯派人暗杀。随后，袁世凯又胁迫议员选举他为大总统，不久竟复辟帝制，议会民主制和多党政治的尝试以失败而告终。

中国共产党成立以后，国民党和共产党曾进行过两次合作，但最终都没有走上议会民主制和多党政治的道路。第二次国共合作中，我们党为贯彻抗日民族统一战线政策，团结各阶层和各党派共同抗日，在各根据地建立了"三三制"政权，即共产党、非党的左派进步分子、中间派各占1/3，这实质上是工人阶级领导、以工农联盟为基础、包括各民主党派在内的统一战线政权形式，为我们党后来领导的多党合作和政治协商制度积累了宝贵经验。各民主党派也为团结抗日奔走呼号，希望抗战胜利后实行多党制，有的还提出走"第三条道路"。1945年日本投降后，国共签订"双十协定"，但国民党为维护一党独裁专制，竟然撕毁协定，挑起全面内战，还暗杀李公朴、闻一多等爱国民主人士，宣布"民主同盟"等党派为非法组织。一党专制使"第三条道路"的幻想破灭，使中国共产党被迫走上了通过武装斗争夺取政权的道路。在中国革命胜利前夕，1948 年 4 月 30 日中国共产党发布"五一口号"，提出"迅速召开政治协商会议，成立民主联合政府"的政治主张，各民主党派积极响应。1949 年 9 月，各民主党派以及无党派人士同我们党一道举行了政治协商会议，制定了在一个时期内起着临时宪法作用的《中国人民政治协商会议共同纲领》，共同筹建了新中国。在新政协筹备和召开的过程中，我们党与各民主党派亲密合作，充分协商，体现了共产党领导、多党合作的民主精神，中国特色政党制度初步形成。

中华人民共和国成立后，我们党进一步加强同各民主党派的团结合作。许多民主党派、无党派人士在立法、行政、司法机关以及政协中担任了重要职务，发挥了重要的参政议政作用。1956 年社会主义改造基本完成后，我们党提出"长期共存、互相监督"的方针，基本确立起中国特色政党制度。后来虽然经历了 1957 年的反右扩大化和"文化大革命"两次大挫折，但风雨同舟、患难与共的多党合作仍然坚持了下来。

党的十一届三中全会后，各民主党派在中国特色社会主义建设事业中进一步发挥了重要作用。改革开放以来，各民主党派已成为各自所联系的一部分社会主义劳动者、社会主义事业的建设者和拥护社会主义的爱国者的政治联盟，成为接受共产党领导、同共产党通力合作的亲密友党，成为进步性与广泛性相统一、致力于中国特色社会主义事业建设的参政党。

在长期的革命和建设历程中，全国人民和各民主党派逐步认识到只有社会主义才能救中国，没有共产党就没有新中国，历史地选择了共产党的领导，在总结历史经验、立足中国国情的基础上形成了共产党领导的多党合作政治格局。革命、建设和改革实践证明，实行共产党领导的多党合作和政治协商制度，是共产党与民主党派及全国人民共同做出的完全正确的历史抉择。

三 同心，展示了多党合作的鲜明特色

中国共产党领导的多党合作和政治协商制度，在世界政党制度发展史上实现了两个创新：政党概念的创新和执政形式的创新。

民主党派创新了政党概念和执政形式。它创制了新的政党类型，拓展和深化了对政党基本属性的认识：政党可以放弃执政资格，参政也是政党的政治参与方式。它创制了新的合作政党体系，拓展和深化了对政党关系性质的认识：领导与被领导，执政与参政，只是政党体系的内部分工，有效地解决了政治资源浪费问题。

参政党概念的提出，丰富了世界政党理论和政党政治理论的内涵，具有鲜明的中国特色，根植于中国的历史文化。

"大一统"的政治思想、"大屋顶"的政治架构、皇权和治权的分离与制衡，以及高度发达的文官体制，主宰着中国自秦以来的政治史，也制约着近现代中国的政治发展。在

2000 多年的历史长河中，执政者同时被视为国家的保卫者和中华文明的守护者，这是中国政权合法性的主要来源。

中国政党制度产生于救亡图存的革命斗争中，历史起点决定道路逻辑：从它产生的那一天起，就成为联合一切可以联合的力量，调动最广大人民抵抗外侮，争取国家独立、民主、和平、统一和富强的积极性、主动性的政治机制。从统一战线的理论维度看，它必须解决好同盟军问题、领导权问题和战略策略问题。这就决定了中国政党制度的社会基础的广泛性、中共的主体性、党际关系的合作性，以及在战略和策略上的长期性。

2013 年 2 月 6 日，习近平同志在党外人士迎新春座谈会上明确提出各民主党派是同中国共产党通力合作的中国特色社会主义参政党，将中国特色社会主义与参政党直接联结起来，正面回答了新世纪新阶段民主党派姓"社"的根本问题。

中国政党制度是共和国的开国元勋为了国家长治久安，基于人民民主专政的逻辑而构建的一种制度设计。人民民主专政从根本上规定了它的核心价值和制度要素：民主党派不是与共产党分庭抗衡的反对党，不是与共产党分掌政权的联合执政党，而是和而不同、相辅相成的参政党。"跳出政权兴亡历史周期律"从功能上规定了它的设计初衷：民主党派与共产党不是分权制衡关系，而是体系内的权力制约关系，其目的是加强和改善共产党的领导，而不是反对或取消共产党的领导。

民主党派存在的价值，从政治架构上看，列入了国家基本政治制度；从政治功能上看，主要而且应当发挥好参政议政和民主监督作用；从民主价值上看，民主党派以民主为价值取向，与中共有共同旨归，作为参政党托身为中国特色社会主义政党制度的有机组成部分，是我国社会主义民主的重要呈现。

中国政党制度拓展和深化了对民主及其实现方式的认识：民主的内涵是丰富的，民主的形式是多元的；谋求共识是民主的灵魂，合作与协商理应成为更好的民主表现形式。

民主党派以知识分子为主要构成。民主党派从产生的那一天起就是以温和的改良派政党形象出现的，其社会基础主要是民族资产阶级、城市小资产阶级和他们所联系的知识分子及爱国民主人士。因此，考量知识分子与政治的关系，有助于理解民主党派在中国政治生态中如何发挥作用以及发挥何种作用的内在逻辑。

知识分子是现代概念，中国的知识分子被称为"知识分子"之前，叫作"士"。士的精神塑造了中国知识分子不同于其他国家知识分子的独特品性和特征。

第一，志于道。道有价值和实践之分，在形而上层面，道的终极价值亘古未变——追求天下大同的理想社会和政治人的理想人格；但是，理想的内涵以及实现理想所必须秉持的规范，则根据不同的历史和现实条件与时偕行、与时俱化。

士的天职和使命就是守道、卫道、传道。能够展现士的这一家国天下的抱负和理想的最佳途径，就是进入体制，为国家服务。因此，中国知识分子有着根深蒂固的"入世（仕）情结"。

第二，从道不从君。这是最能展现中国知识分子风骨的部分。"从道"是从有道之君，"不从君"是用政治理想去影响、说服君主，使其按照"大道之行"建立公序良俗。

中国知识分子独特的品性，造就了中国民主党派独特的气质和灵魂，也使中国的政党拥有了迥异于西方政党的独特的文化解释——尽管双方都使用"政党"的概念。

当今中国，改革要破局，法治要推进，文化要传承，民族要复兴，不仅需要执政者的智慧和勇气，也需要全社会的共识和支持，需要"士"的精神焕发出新的生机和活力。在这条前无古人的特色之路上，民主党派作为以知识分子为主要构成的参政党，当以君子之德行、渊博之知识、专业之素养、学以致用之能力，不缺位、不越位，为中国特色社会主义的伟大实践、为中华民族的伟大复兴支撑起一片思想和文化的天空。

四 同心，彰显了多党合作的和谐关系

政党关系是否和谐是国家政治生活的晴雨表。

一个稳定、有序而又和谐的政党关系有利于保持政党制度的稳定从而有利于国家政治生活的稳定，继而有利于国家政治生活的开展；反之，则会影响政党制度的稳定，进而危

害国家政治生活，甚至影响国家的发展。从中国多党合作发展的历史进程来看，当政党关系和谐遭到破坏时，往往是党和国家遭受灾难的时期，当政党关系和谐时，也是党和国家较快发展时期。从世界范围来看，许多国家的政党因为互相对立，彼此纷争而引起政局动荡、社会不稳、人民受难的现象屡见不鲜。现代政治发展也表明，政党间的和谐有利于促进经济发展、政治稳定、社会和谐，反之，则会出现政治动荡、社会混乱。

在中国，中国共产党是执政党，各民主党派是与共产党共同致力于中国特色社会主义建设事业的参政党，是诤友和挚友，各自代表了不同的社会利益群体，有利于实现社会和谐。中国社会主义现代化建设，是在一个拥有 13 亿多人口的多民族的发展中国家进行的，常常面临一些不可抗的内外因素，如果没有中国共产党的坚强领导、没有政党之间的和谐，中国将会出现一盘散沙的局面。同心，是对中国和谐的政党关系的最好提炼和凝聚，表明了中国共产党与各民主党派、无党派人士是不可分离的命运共同体、事业共同体、利益共同体和情感共同体。中国共产党和各民主党派通过多渠道、多形式相互实行民主监督，既能实现广泛的民主参与，又可避免多党纷争、互相倾轧造成的政治混乱和社会不安定团结。因为同心，我国政党关系才如此和谐：中国共产党有宽阔的胸襟和非凡的气度，勇于容纳不同意见；各民主党派、无党派人士有真挚的态度和巨大的勇气，敢于建诤言、讲真话。

正是这种执政党和参政党之间"同心同德""肝胆相照"的和谐共生关系，使我们这个拥有 13 亿多人口的多民族超大规模的复杂社会紧密团结在一起。这在世界上是独一无二的，无论是进行历史的纵比还是世界范围的横比，我们都可以得出结论：中国共产党领导的多党合作和政治协商制度具有强大的社会整合力。中国共产党在中国社会这个圆的中心，各民主党派使这个圆的半径不断扩大，从而创造一个和谐安定的政治局面，这一崭新的政党关系，充分体现了合作、参与、协商、包容、共生的"同心"精神。因此，中国的社会要和谐，共产党和民主党派的关系必须和谐。胡锦涛同志指出，正确认识和处理中国共产党和民主党派的关系，保持和促进我国政党关系和谐，是发展社会主义民主政治、建设社会主义政治文明的重要内容，也是构建社会主义和谐社会的重要内容。

我国政党关系要长期和谐，必须坚持胡锦涛同志在第 20 次全国统战工作会议上讲话时所强调的"一个根本，一个关键，四个既要"，即根本在于坚持走中国特色社会主义政治发展道路这个方向，关键在于坚持和完善中国共产党领导的多党合作和政治协商制度。既要坚持中国共产党的领导，又要促进多党派团结合作；既要提高党的执政能力，又要发挥民主党派参政议政的作用；既要重视做好民主党派的思想引导，又要真诚接受他们的民主监督；既要全面推进党的建设新的伟大工程，又要积极支持民主党派加强自身建设，使执政党建设与参政党建设相互促进，更好地统一于多党合作、共创伟业的历史进程中。

五　同心，体现了多党合作的运行效果

我国多党合作制度中的执政与参政、领导与合作的政党关系体现了中国政党制度的价值的创造性。多党合作的基本格局形成于多党合作协商建国的历史实践。在这一过程中，中国社会政治中自然形成了中国共产党领导、执政，各民主党派与中共合作、参政的政治分工和政治格局。这种政党关系与西方国家不同政党间在政治市场竞争基础上执政与在野或者联合执政的政党关系形成了鲜明的对比。在这种非竞争型政党制度框架下，中国共产党享有公认的领导地位和执政地位，八个民主党派自觉接受共产党的领导，它们在根本利益一致与具体利益差异这一利益格局的基础上形成了领导与合作、执政与参政、互相监督、共同进步的关系，其团结合作是全面而持久的，具有强大的生命力。

与西方国家的党际关系相比，中国的党际关系是各个政党基于共同目标与相互合作而达成的平衡，同时各政党还保持着相互监督的权力与不同的政党特色，因而是在求同存异中的平衡，是促进发展与进步的平衡，体现了和谐的本质。这是与西方竞争型政党关系有着根本区别的新型政党关系，是我国政治制度和政党制度特点和优势的集中体现。

有利于保持政治稳定。政党关系稳定是政治稳定的关键。在中国多党合作制度的格局中，中国共产党同各民主党

派的关系不是执政党同在野党或反对党的关系，而是执政党同参政党的关系，是领导与被领导的关系，是亲密友党的关系。这种新型的和谐的政党关系，决定了政党之间不会为争夺政权而钩心斗角、争权夺利、互相拆台，它最大限度地减少了社会内耗，有利于调动全民族的力量共同致力于社会主义建设；决定了政党之间不会出现各个政党轮流执政的局面，因而避免了政治危机中经常出现的政局不稳、政权频繁更迭、社会的政治秩序混乱等现象；这种政党关系决定了国家政策的连续性和稳定性，不会出现以一个政党的政策否定另一个政党的政策，从而导致大政方针上的朝令夕改、大起大落、左右摇摆的现象。

有利于拓宽利益表达渠道，实现有序的政治参与。政党是公民政治参与的基本形式之一，政党要解决的问题是如何把公众的意志带到政府系统中去，政党把人民同政府联结起来，是利益表达和利益聚合的组织。我国是一个幅员辽阔、人口众多且多阶层、多党派、多民族、多宗教并存的国家。特别是随着我国经济社会结构的深刻变化，出现了多种经济成分、分配方式、就业形式，产生了许多新的社会阶层、利益群体和社会组织，人们思想活动的独立性、选择性、多变性、差异性明显增强，价值取向和行为方式趋于多样。各党派、各民族、各团体、各阶层等都需要表达自己的利益和诉求。我国的多党合作制度，其主体涵盖了各党派、各民族、各团体、各阶层等社会各界、各方面人士，能够为社会各群体中的个别分散的意见、愿望和要求提供畅通的表达渠道。

中国共产党作为中国工人阶级的先锋队、中国人民和中华民族的先锋队，可以将社会各阶层的先进分子吸收到党内。各民主党派以各自所联系的社会界别为基础，适当吸纳新的社会阶层中的精英。和谐的政党关系，有助于各党派扩大社会基础，同时保持自己的特色；在拓宽利益表达渠道的同时，实现有序的政治参与，推进社会主义民主的稳步发展。

有利于各民主党派充分履行职能，促进执政党和政府决策的科学化与民主化。执政党对国家和社会发展起决定性作用，因而执政党的决策对国家和社会发展的影响是极其深远的，决策总是伴有一定的风险，而决策的民主化则可最大限度地规避风险。执政党与参政党之间的和谐关系，有利于决策的民主化和科学化。一方面，执政的中国共产党以自己的先进性在重大决策过程中起决定性的作用；另一方面，参政的各民主党派在政党关系和谐的氛围中，可以有效地参与国家政治生活，履行参政议政和民主监督职能，弥补执政党在决策过程中的不足。在参政议政和民主监督过程中，民主党派可以充分发挥其智力优势、人才优势和广泛的社会联系的优势，通过会议协商、提案建议、调研报告、会议交流等形式，为执政党和政府的决策提供民意信息和智力支持。只有在和谐的政党关系氛围中，民主党派才能真正做到知无不言、言无不尽，并且勇于坚持正确意见。这有助于促进执政党和政府决策的民主化和科学化。

有利于发挥社会整合功能，协调社会利益关系，促进社会和谐。中国多党合作制度所反映的是一种领导核心的一元性与主体结构的多元性的有机组合，这一制度形式决定了它在利益整合方面更有效率，而独特的党际关系更是扩大了社会整合的边界与张力区，使不同群体的愿望和要求以合法的形式表达出来，使各种矛盾和问题在现有体制框架内得到妥善化解，从而提高利益整合的质量与水平。一方面，中国共产党代表最广大人民的整体利益和根本利益，得到广大人民衷心拥护，是我国现代化建设的坚强领导核心；另一方面，各民主党派代表各自所联系群众的具体利益和特殊利益，将各阶层群众的利益诉求输入国家政治过程，并通过利益综合，使之体现在国家经济社会发展的各项方针政策中。这种广泛的代表功能不仅是"一党执政、多党参政"的政治格局决定的，同时也有赖于中国政党关系的和谐。正是执政党与参政党的良性互动，才使多党合作形成更加多元的利益表达渠道，适应社会转型引起的社会阶层分化、利益多元化的新形势，动员和整合更多的社会政治资源，有效进行利益整合，妥善解决各种利益矛盾。

第二章　乌蒙困境孕育同心攻坚

　　1988 年由胡锦涛同志倡议建立的毕节试验区是我国第一个也是唯一一个"开发扶贫、生态建设"试验区，旨在挑战"人口膨胀、生态恶化、经济贫困"三大难题。在各民主党派的帮扶下，30 年来，在党中央、国务院的亲切关怀下，在中央各部委、各民主党派中央、全国工商联的大力支持下，在中共贵州省委、省人民政府的直接领导下，毕节牢牢把握"开发扶贫、生态建设、人口控制"三大主题，创新思路、深化改革、艰苦奋斗，率先在喀斯特贫困山区进行了科学发展的有益探索，经济社会面貌发生了翻天覆地的变化。今天，俯览中国西部这片当年名不见经传的贫瘠的土地，毕节试验区实现了跳跃式发展，取得了令人瞩目的辉煌成就，创造出了一条在贫困地区实现经济、社会与人口、资源、环境协调发展的"毕节之路"，摸索出了多党帮扶下同心发展的毕节经验，使"同心"思想有了一个较为完美的诠释。

一　极贫之地

（一）试验区成立前毕节的基本情况

毕节市（原毕节地区）位于世界三大喀斯特地区之一的中国西南喀斯特地区腹部，试验区未成立以前，"九山半水半分田"是对毕节地形的真实写照。当地是典型的喀斯特地区，区内山高坡陡，河谷深切，地形破碎，土地贫瘠，可溶性碳酸盐岩分布面积达 1.97 万平方公里，占全区总面积的 73.5%以上。自然灾害频繁，集"老""少""边""穷""喀斯特"为一体；人口膨胀，被国际有关权威机构宣布为"只适宜开展旅游和科研活动，不适宜人类生存"。全区总面积 2.68 万平方公里，其中山地面积 1.55 万平方公里，占 57.8%；丘陵面积 9168 平方公里，占 34.1%；平地面积仅有 2161 平方公里。生活在这里的苗、彝、回、汉等各族人民，以绝处求生的气概，一代接着一代奋起与恶劣的自然环境和贫困落后抗争，坚韧不拔，不屈不挠，凭借勤劳的双手建设自己的家园。

20 世纪 80 年代中期，社会主义革命和建设日新月异地向前发展，毕节地区的经济社会也发生了深刻的变化，但由于农业基础条件差、底子薄、生产力水平低、人的文化素质低、劳动技能相对较差，全区仍处于经济基础薄弱、社会发展滞后、生产力水平极度低下的境地。"七分种、三分收，苞谷洋芋度春秋",整个毕节地区,不是这里缺粮,就是那里断炊。经济贫困、生态恶化、人口膨胀成为制约全区经济社会发展的难题。

(二) 恶性循环的"三大怪圈"

从 20 世纪 50 年代末"全民大炼钢铁"时期开始,毕节地区的生态环境与全国一样受到严重的人为破坏,不少地方森林遭受毁灭性砍伐,产生的直接后果是水土流失加剧。喀斯特山区原本十分稀缺的泥土大多被冲刷殆尽,岩石裸露,石漠化步步紧逼,加重了生存环境承载人口负荷,人均占有森林、水量、粮食等资源随之减少,加之土地贫瘠、人的素质差、生产力水平低下,产出极其有限,粮食问题日益突出。为求生存,在当时"以粮为纲"方针的指导下,当地党委和政府只好号召农民"向荒山要粮",毁林开荒、毁草开荒、陡坡开荒,"开荒开到边,种粮种到巅"的情景随处可见。盲目乱垦滥伐,水土流失日趋加剧,自然灾害频繁,生态环境恶化,人与生态、人与环境、人与资源严重失调,陷入"越穷越生—越生越垦—越垦越穷"的恶性循环。

随着生态的破坏,水的问题日益突出。为了解决生产、生活用水困难,政府只好大量投资,动员农民投工投劳兴修水利。"头痛医头,脚痛医脚",一边挖山不止,一边兴修水利,水土流失很快给江河塘库带来灾难性后果。境内长江重要支流——乌江上游的七星关河,每立方米河水含沙量达 135 公斤,大大超过同期黄河水每立方米 32.2 公斤的含沙量。赫章县境内的野马川河，不少地段河床淤积高过农田，水患犹如高悬在人民头上的一把利剑。从 1959 年到 1979 年，毕节地区平均每年冲毁耕地 11 万亩。

大自然对人类的奖惩是分明的。随着人类对生态环境破坏程度的加深，大自然反馈于人类的自然灾害愈演愈烈，比较突出的 1982 年，全区粮食受灾面积达 340 万亩，其中冲毁耕地 26.57 万亩，粮食减产 5 亿多斤，受灾农户 31.1 万户，占总农户的三分之一，因灾死亡 220 人，房屋倒塌 1 万多间，损失牲畜 1 万多头。5 月 18 日夜，山洪暴发，纳雍县猫场乡木井村 34 户中，有 33 户的房屋被夷为平地，死亡 37 人，伤 13 人。织金县大嘎乡毁林开荒 1.5 万亩，山洪暴发时，泥石俱下，1000 多亩米粮川，一夜之间变成乱石滩，其中 300 多亩良田堆积的乱石砂砾高达半米。

时任毕节地委书记禄文斌经常深入偏僻山区调查研究，呈现在他眼前的常常是令人揪心的景象：不少溪河断流，河床一年比一年抬高，河滩上横七竖八地卧满大大小小的石头；许多昔日浓荫蔽日的山头被剃得精光；20 度、30 度，甚至 60 度以上的陡坡也被开垦种粮；坝子上的田园被水打沙壅，留下滚滚乱石，堆堆沙丘。生态环境日趋恶化，农民指望救济粮度日，国家每年从东北等地调给毕节地区的粮食有 2 亿多斤。有"贵州屋脊"之称的赫章韭菜坪流行的一首民谣真实地反映了当时极贫农民的生活："倮佐大坪子，荞麦洋芋过日子。要吃苞谷饭，婆娘坐月子；要吃大米饭，等到下辈子。"

1982 年以前，毕节地区由国家投资 1576 万元修筑的 10 座水库总库容有 2397.6 万立方米，在几年内，泥沙堆积量达 472.7 万立方米，占总库容的 19.7%，年平均淤积率达 2.1%，10 座水库逐步趋于报废。全地区水土流失面积达 16830 平方公里，占总面积的 62.67%，年水土流失量达 9165 万吨，相当于流失了 30 万亩耕地的活土层。到毕节实地考察生态环境及人类生存条件的专家发出严重警告："照此下去，必然造成灾难性后果，必将危及人类生存！"

大自然的无情惩罚和严酷的生存环境，促使毕节地委、行署和各级干部渐渐醒悟：人剃山头，水毁地头。人与自然对抗，必然遭到自然报复。农民为传宗接代和增加劳动力，造成人口增长过快，迫于生存压力，一股劲开荒种粮，结果自毁家园。

（三）贫困的群众

据资料记载，1985 年，赫章县总人口 47.04 万人，其中农业人口 44.39 万人，人口出生率 17.5‰，自然增长率 10.59‰。全县工农业总产值 11396 万元，其中农业总产值 7603 万元，农民人均纯收入为 166 元。赫章全县水土流失 1800 平方公里，占总面积的 58.5%，年流失量 865 万吨，每平方公里年流失 4000 多吨，相当于 3700 亩土地的活土层。全县贫困人口 27 万人，占总人口的 67.75%，缺乏基本生存条件的村民组有 400 多个 5 万多人。全县粮食、现金"双缺"的极贫户有 27841 户，占总农户的 31.6%。全县耕地面积 68.5 万亩，粮食总产量 1.48 亿斤，农村人均占有粮食 334 斤。全县公路通车里程 577 公里，几乎没有通村、通组公路，运输主要靠人背马驮。除县城和少数乡镇外，大多数乡镇不通电，照明以煤油灯为主。有小学 120 所，在校小学生 34256 人；中学 11 所，在校中学生 5871 人，其中高中在校生 1438 人。有医疗卫生机构 120 个，除县城和区（1992 年贵州建并撤机构改革前的行政机构）所在乡镇外，其余乡镇都没有医疗卫生机构，群众看病非常困难。农民住房几乎是茅草房和瓦房，边远山区不少农民甚至住杈杈房（用木棒搭的简陋窝棚）。森林覆盖率仅为 21.2%。"山高水冷地皮薄，气候异常灾害多；耗子跪着啃苞谷，种一坡来收一箩。"这首民谣是当时赫章县农村贫困面貌的真实写照。"贫困"一度成为赫章县的代名词。

以贫困闻名省内外的赫章县海雀村，距县城 88 公里，海拔 2300 米。1985 年全村辖 5 个村民组 168 户 730 人，其中苗族 162 户 702 人，彝族 6 户 28 人。境内山高坡陡，耕地贫瘠，零星破碎，25 度以上的陡坡耕地占 90%。村里无学校、无卫生室，读书、看病都要步行到 12 公里外的乡政府所在地。无通村、通组公路，不通电，生活饮用水主要依靠收集自然降水或直接饮用河水，整个村庄几乎与世隔绝。有瓦房 12 户、草房 114 户、杈杈房 42 户，80% 以上农户人畜混居。农民人均纯收入只有 33 元，人均占有粮食 107 公斤，人口出生率 22‰，人口自然增长率 13‰，全村有小学文化的仅有 5 人。为求生存，当地人盲目毁林开荒种粮，森林覆盖率锐减到5%以下，导致水土流失严重，生态环境极度恶劣，自然灾害频发，大风一起，沙尘漫天。

1985年5月29日，新华社记者刘子富到赫章县采访，目睹了海雀村的贫困状态，连夜以内参的形式将该村的贫困状况上报中央。

赫章县有一万二千多户农民断粮，
少数民族十分困难却无一人埋怨国家

贵州省赫章县各族农民中已有12001户、63061人断炊或即将断炊。

5月29日，记者到这个县的恒底区四方乡苗、彝族杂居的海雀村的3个村民组，看了11户农家，家家断炊。彝族社员罗启朝家生活属于中等水平。记者走进罗启朝家，只见他妻子梁友兰满脸愁容地待在家里。她对记者说：去年因低温收的粮食本来就不多，又还债200斤，现已断顿了。她丈夫只好外出借粮，至今不知有无着落。她家去年卖了5只鸡、200多个蛋，收入31元，买盐、买油就花得差不多了。她还说：当着区乡干部的面，还不敢讲没吃的，讲出去担心今后受打击。记者看了他家的全部家当，充其量值百把元钱。

记者走进苗族人家，安美珍大娘瘦得只剩枯干的骨架支撑着脑袋。她家4口人，丈夫、两个儿子和她。全家终年不见食油，一年累计缺3个月的盐，4个人只有3个碗，已经断粮5天了。

在苗族社员王永才的家里，王永才含着泪告诉记者：全家 5 口人，断粮 5 个月了，靠吃野菜等物过日子，更谈不上吃油、吃盐。耕牛本是苗家的命根子，也只得狠心卖掉买粮救人命，一头牛卖了 250 元，买粮已经花光了。耕牛尚且贱卖，马、猪、鸡就更不用说了。在他家的火塘边，一个 3 岁多的小孩儿饿得躺在地上，发出"嗯、嗯、嗯"的微弱叫唤声。手中无粮的母亲无可奈何。

记者在海雀村民组一连走了 9 家，没发现一家有食油、有米饭的，吃的多是玉米面糊糊、荞面糊糊、干板菜掺四季豆种子。这 9 户人家没有一家有活动钱，没有一家不是人畜同屋居住的，也没有一家有像样的床或被子；有的钻草窝、有的盖秧被、有的围火塘过夜。

离开海雀村民组，不远就是学堂村民组。记者走进苗族大娘王朝珍的家，一下就惊呆了。大娘衣不蔽体，见有客人走来，立即用双手抱在胸前，怪难为情地低下头。她的衣衫破烂得掩不住胸肚，那条破烂成线条一样的裙子，本来就很难遮羞，一走动就暴露无遗。大娘看出了记者的难堪，反而主动照直说："一条裙子穿了三年整，春夏秋冬都是它。哎！真没出息，光条条的不好意思见人！"大娘的邻居是朱正华家。主人累得上气不接下气地说："早在去年年底就把打下的粮食吃光了；几个月来，找到一升吃一升。"

苗族青年王学方带记者边一家家看，边告诉记者：

目前，全组30户，断炊的已有25家，剩下的5家也维持不了几天。组里的青年人下地搞生产，由于吃得差，吃不饱，体力不支，一天只能干半天活，加上主要人都得外出找吃的，已经影响生产的正常进行。

这些纯朴的少数民族兄弟，尽管贫困交加，却没有一个外逃，没有一人上访，没有一人向国家伸手，没有一人埋怨党和国家，反倒责备自己"不争气"。这情景令人十分感动。

时任中共中央政治局委员、中央书记处书记习仲勋同志看到这篇内部报道后，当即作了如下批示："有这样好的各族人民，又过着这样贫困的生活，不仅不埋怨党和国家，反倒责备自己'不争气'，这是对我们这些官僚主义者一个严重的警告！！！请省委对这类地区，规定个时限，有个可行措施，有计划、有步骤地扎扎实实地多做工作，改变这种面貌。"

贵州省委接到中共中央办公厅用明传电报传来习仲勋同志的重要批示后，时任贵州省委书记朱厚泽同志连夜召开紧急会议，并抽调得力干部星夜兼程赶往赫章县海雀村，查看缺粮断炊情况，就地开仓放粮，一次发放20万斤，及时赈济饥民。海雀村山沟里、山坳上，村民人背马驮政府发放的救济粮回家，纯朴的乡亲们脸上挂满笑容，发自内心地道出："感谢共产党！""感谢人民政府！"

二　艰辛的探索

为了帮助毕节寻求一条新的发展之路，自 1985 年胡锦涛就任贵州省委书记起，在一年多的时间里，他多次深入毕节地区农村，与基层干部进行交流，了解群众生产生活情况，要求基层干部要学会思考如何利用本地资源发展生产；要想办法加快山头治理，让山头绿起来、河水清起来。对喀斯特山区长期经济落后、生态恶化、人口膨胀、农民贫困的现状和原因进行实事求是地分析，带领省委、省政府和毕节地委、地区行署领导班子反复研讨，集思广益，吸纳中国先进地区和世界先进国家的发展理念，提出建立毕节开发扶贫、生态建设试验区的思路，明确以开发扶贫、生态建设、人口控制为试验区的"三大主题"。胡锦涛提出做好"近期作示范，远期探路子"这篇大文章，探索"三岩"地区求生存、谋发展的新路子。

开发扶贫。选好、选准正确的发展方向和发展路子，促进生产关系适应生产力发展水平，经济基础与上层建筑良性互动，科学处理好人与自然、人与经济、人与社会和谐发展的关系，整合社会资源，营造扶贫开发的良好环境，促进社会资源优化组合，合理有序、卓有成效地开发优势自然资源，改变"富饶的贫困"面貌，满足人民群众日益增长的物质文化生活需求，推动贫困地区经济全面、协调、健康、快速发展。

生态建设。以人与自然和谐为价值取向，统筹协调生态系统建设和环境综合整治，以持久满足生态系统和生态承载系统间的动态平衡为基础，以构建健康的生态文化体系、完备的生态保障体系、发达的生态产业体系为战略目标，促进生产发展、物质丰富、生活富裕、生态良好。提高生态支撑力和环境承载力，促进人与自然和谐，实现生态文明。

人口控制。统筹解决人口问题，包括人口数量控制、人口素质提高、人口能力增强、人口结构优化、人的健康精神塑造等系统工程。在着力满足人民物质文化和精神需求的同时，着眼于调控人口数量，控制人口过速增长，促进人的素质不断提高，把科学合理地推动人自身的全面发展落实到推动经济社会与自然健康协调发展的全过程，贯穿到各项工作之中。在持续发展的基础上，不断增强人口生产的计划性、协调性、有序性、适应性。通过与物质资料生产、社会关系生产、精神资料生产相平衡的人的生产的不断进步，促进人自身、人与人、人与社会、人与自然和谐。

三　建立毕节试验区

建立毕节试验区，是以马克思主义世界观和方法论为指导，创造性地贯彻中央大政方针做出的重大决策，充分体现了中国共产党以人为本、执政为民的伟大情怀，放眼未来、勇闯新路的进取精神，突破难点、推动全局的战略眼光，海纳百川、合力攻坚的宏伟气魄，深入群众、求真务实的工作作风。

1987 年 1 月，在贵州省委、省政府的指导下，省委农工部、省计委、省社科院、农业区划委员会、区划办等有关部门，根据全国农村发展研究工作座谈会议精神，成立了由各相关部门负责人组成的专门机构，着手编制《贵州省农村经济远景发展研究》，提出在贵州选择生态恶化、农民贫困的典型地区进行扶贫开发和生态建设试点，给予特殊优惠政策和必要的财政支持，提供较为宽松的政策环境，探索一种自我发展的机制。

1987 年 12 月 8~19 日，国务院农村发展研究中心特邀研究员李学智、研究员张忠法等到贵州调查生态问题。12 月 18 日，时任省委书记胡锦涛、省长王朝文与李学智、张忠法一行座谈时明确提出：能否在贵州毕节地区建立一个开发扶贫、生态建设试验区？李学智、张忠法认为，这个思路是可行的，表示愿意帮助呼吁。

1988 年 1 月 7 日，胡锦涛约见省委农工部秘书长许西记，省农业区划委员会副主任、区划办主任吴荫生等同志，正式提出关于建立"毕节地区开发扶贫、生态建设试验区"的思路：要用更加灵活、更加优惠的梯度政策，解决这些年出现的梯度效应。第一，要从实际出发，提出更加符合区情的政策，并争取中央的支持；第二，要把中央的政策用好、用活；第三，对行之有效的现有政策要狠抓落实。胡锦涛、王朝文批示由省委常委、省委农工部长乔学珩主持、由农工部秘书长许西记承办，草拟建立毕节试验区方案。

1988 年 1 月 8~14 日，许西记、省区划办副主任朱成松和贵州农学院副教授邹超亚、省社科院副研究员张万铎等一行6人，专程赴毕节就筹划建立试验区的问题进行调查研究。经过充分调研，一致认为建立毕节试验区，既符合中共十三大提出的深化改革、发展商品经济的要求，又符合毕节地区实际和全区广大干部群众的意愿。调查组与毕节地区领导班子达成共识后，草拟出《关于建立毕节地区开发扶贫、生态建设试验区的意见》，初步确定试验区名称、试验内容、试验范围及有关政策框架。

1988年3月9日，胡锦涛主持贵州省委常委扩大会议，讨论建立毕节地区"开发扶贫、生态建设试验区"问题。省委、省政府和各有关部门形成一致意见：建立毕节地区开发扶贫、生态建设试验区，对加快毕节地区改革和建设步伐，探索贫困山区、喀斯特地区以改革开放促经济开发，把生态建设与经济开发结合起来，改变贫困落后面貌，实现生态良性循环，具有积极作用。4月6日，省委、省政府向中共中央、国务院报送书面报告，请求批准建立国家级毕节地区"开发扶贫、生态建设试验区"。

1988年4月9日，胡锦涛、王朝文及毕节地区行署有关负责人等在北京向时任中央政治局委员、国务院副总理田纪云汇报贵州工作及试验区筹建情况，田纪云赞成在毕节建立开发扶贫、生态建设试验区的思路。4月11日，田纪云委托时任国务委员、国务院秘书长陈俊生召集国家计委、经济开发办、特区办公室、农业部、林业部、财政部、商业部、国家农业银行、烟草总公司等17个部办委的负责同志开会，研究建立毕节试验区的问题。胡锦涛、王朝文及贵州省、毕节地区有关负责人出席会议，汇报了建立毕节试验区的方案。各部委一致赞成建立毕节开发扶贫、生态建设试验区。

1988 年 4 月中旬，胡锦涛在北京贵阳饭店邀请中国国民党革命委员会、中国民主同盟、中国民主建国会、中国民主促进会、中国农工民主党、中国致公党、九三学社、台湾民主自治同盟 8 个民主党派中央、全国工商联负责人座谈，介绍了毕节地区的情况及在毕节建立试验区的紧迫性和可行性，希望得到各民主党派中央、全国工商联的支持与合作。胡锦涛代表贵州省委、省政府邀请中共中央统战部、国家民委、各民主党派中央、全国工商联、全国工商联智力支边协商小组对毕节地区开展智力支边。各有关方面均表示给予支持。

1988 年 5 月 26 日，贵州省人民政府向国务院呈报了《关于建立毕节地区开发扶贫、生态建设试验区的请示》。5 月 20 日至 6 月 1 日，中央智力支边协调小组派出以九三学社中央副主席、中央智力支边协调小组成员徐采栋为组长，民革中央四化服务委员会副主任沈学斌为副组长的赴黔工作组，由省智力支边办主任李守矩陪同，对毕节地区进行了为期 13 天的考察。通过深入毕节地区实地考察，工作组一致认为，"建立毕节试验区是一项战略任务，它将为我国西部地区的开发扶贫、生态建设探索路子，积累经验"。工作组向国务院做了详细汇报。6 月 6~8 日，贵州省委、省人民政府根据国务院原则同意建立毕节试验区的电话通知，在毕节召开试验区工作会议。6月9日，国务院以国办通〔1988〕38号文件正式批复贵州省人民政府《关于建立毕节地区开发扶贫、生态建设试验区的请示》，同意建立毕节试验区。胡锦涛谋划建立的中国第一个也是唯一的国家级"开发扶贫、生态建设"试验区正式建立。

1988年6月6~8日，贵州省委、省人民政府在毕节召开了为期3天的毕节地区"开发扶贫、生态建设"试验区工作会议。6月9日，国务院正式批复建立"毕节开发扶贫、生态建设试验区"。此后，试验区建设坚持"采取一切有利于摆脱贫困的政策和措施，以发展农村经济为重点，严格控制人口增长，寓生态建设于经济开发之中，逐步实现以经济开发支持生态建设，以生态建设促进经济开发"的指导思想，试验区建设进入实质性阶段，人民生活发生了翻天覆地的变化。

四　试验区专家顾问组的成立

（一）智力支边的提出

20世纪80年代初，一些民主党派的领导人开始深入边疆民族地区讲学，迈出了智力支边的第一步。与此同时，各民主党派和全国工商联还从方便人民生活着手，通过项目咨询、派专家学者等方式，帮助一些边疆地区解决与人民日常生活关系密切的实际问题。各民主党派开展的这一活动，受到了中共中央有关方面的高度重视。1982 年，中共中央统战部提出了民主党派"智力支边"这一概念，并大力支持民主党派开展的智力支边活动。由于智力支边抓住了边远贫困地区最缺乏、最需要的科学技术和智力信息，实行的又是无偿服务，所以一开始就受到了广泛的欢迎，智力支边也打开了统一战线工作的崭新局面，为民主党派知识分子发挥作用提供了更广阔的舞台，受到了民主党派知识分子的热烈欢迎。正如费孝通所说："民革、民盟、民进、农工、九三学社等民主党派，都是由有政治觉悟的知识分子组成的，所以都是'智力集团'。"其中，"不少人已花了许多时间和心血，积累了一些知识，需要人家理解，需要起作用，有益于人民，这是知识分子最重视的东西，比什么都可贵。所以，我想，知识分子都是乐于为智力支边尽一分力量的"。

（二）智力支边活动走向制度化、规范化

1983 年 4 月，中央统战部、国家民委邀请部分民主党派中央负责人和部分边疆、民族、沿海地区的统战、民族部门以及中央有关部门的领导，在北京召开了"民主党派为边疆和少数民族地区四化建设服务挂钩会议"。这次会议强烈地反映了少数民族地区的人民迫切要求智力开发的愿望。会议提出边疆和少数民族地区自然资源丰富、发展潜力很大，但由于科学技术和文化落后，优势很难发挥出来。必须努力帮助边疆和少数民族地区加速发展经济文化，否则，历

史上形成的民族之间发展程度上的差距，不仅不会缩小，而且有可能拉大，这样势必影响到四化建设的全局。为此，帮助边疆和少数民族地区加速发展经济文化，是一个带有全局性的战略问题，其关键是智力开发。会议认为民主党派是智力支边的一支重要力量，可以对发展边疆和少数民族地区的经济文化建设做出自己的贡献。民主党派积极开展这方面的工作，也将产生较大的政治影响。会议还研究并提出了智力支边工作的重点，对智力支边的做法、分工、工作机构、经费和报酬等方面的问题提出了具体意见。以这次会议为标志，智力支边工作开始走向制度化和规范化。1988 年 3 月，中央智力支边扶贫协调小组正式成立，民主党派的智力支边活动进入了新的阶段。在中央智力支边扶贫协调小组的组织协调下，各民主党派和全国工商联开始有计划、有重点地进行智力支边、科技扶贫工作，纷纷派出大批专家学者和技术人员到老、少、边、穷地区，帮助当地人民脱贫致富，发展经济。

（三）毕节试验区专家顾问组是智力支边深入开展的制度化成果

绝境求生，何以图存？1988 年，国务院一纸文件，毕节试验区应运而生，"开发扶贫、生态建设、人口控制"，毕节以三大主题破解三大难题。

贵州省作为边远地区和经济社会发展落后的省份，是民主党派开展智力支边工作的重点地区，也是智力支边工作迈向制度化、规范化较早的地区。

1983年4月，贵州省作为"受援"一方，参加了在北京召开的"民主党派为边疆和少数民族地区四化建设服务挂钩会议"。5月2日，中共贵州省委统战部根据中央书记处、国务院的批示及会议精神，结合贵州实际，形成了《关于贯彻民主党派"智力支边"挂钩会议精神的请示报告》，上报贵州省委。

这份报告向省委建议，成立贵州省智力支边和咨询服务联系小组，组织开展智力支边工作，并建议联系小组办公室设在省政协办公厅。5月5日，中共贵州省委批转了省委统战部的报告，确定设立"贵州省智力支边咨询服务联系小组"及其办公室，由副省长徐采栋任组长依托政协、省委统战部进行统筹工作。

根据省委的要求，各州、市、地、县比照省里的做法，相继建立了智力支边机构。自此，智力支边工作在贵州省有组织、有计划地铺开。

1986年，农工民主党中央提出以全党的智力优势，在贵州全省开展智力支边活动，将贵州省作为其智力支边的主要对象和重点地区，并以农工中发〔1986〕第015号文向农工党全国各省区组织发出通知，要求重点支援贵州。在同年2月28日，农工党中央与贵州省政府签署了双方《关于开展智力支援工作的商谈纪要》，商定了农工民主党在贵州省开展智力支边活动的主要内容和工作形式等。此纪要是第一份民主党派中央和地方政府就双方合作事宜签订的正式文件，是一份具有开创意义的文件。

1987年10月，中央统战部、国家民委在贵阳主持召开了云南、贵州、四川、吉林、广东、内蒙古、广西八省区民主党派、工商联智力支边工作座谈会。在这次会议期间，贵州省人民政府同各民主党派中央、全国工商联就建立智力支边固定联系问题举行了会谈，各民主党派中央、全国工商联同意把支援贵州建设作为各自组织开展智力支边工作的重点，建立固定联系。时任副省长徐采栋、中央统战部副部长李定、秘书长胡德平、国家民委副主任张竹以及民盟中央副主席高天、农工民主党中央副主席章师明、民进中央副主席楚庄以及民革中央、民建中央、全国工商联、致公党中央、九三学社中央和有关负责人在会议纪要上签了字。此后，各民主党派中央、全国工商联在贵州省的智力支边活动进入了新阶段。

时任省委书记的胡锦涛同志非常重视并大力支持各民主党派在贵州省开展的智力支边工作。1986年农工党中央和贵州省政府《关于开展智力支援工作的商谈纪要》签订后，双方商议首先在毕节地区的威宁县开始执行该纪要。贵州省委的简报对此事做了通报，胡锦涛同志阅后做出批示："要感谢并欢迎农工民主党的同志们支援威宁县开发建设。希望威宁县做好项目的可行性研究。提出需要技术支援的项目，并尽快落实。"

1987年10月，胡锦涛同志出席中央统战部、国家民委在贵阳召开的智力支边工作座谈会并讲话。他说，党中央、国务院对智力支边工作非常重视，早在 1983 年中办 13 号文件中就指出：民主党派开展‘智力支边’活动，对于发展边疆和少数民族地区的经济文化、促进国内各民族之间的平等、团结、互助的社会主义民族关系，对于稳定和建设边疆少数民族地区的科技知识分子队伍，充分发挥知识和知识分子在社会主义现代化建设中的作用，都有积极的意义。贵州这几年的实践证明，党中央、国务院的批示精神是完全正确的。民主党派开展智力支边，是我们党统一战线工作重点转移的重要标志之一，是民主党派为四化建设服务的一项重要内容，是帮助边远少数民族地区发展经济和文化的一支重要力量。因此，智力支边受到了各族人民的热烈欢迎。胡锦涛充分肯定了智力支边在贵州取得的成效，代表省委欢迎更多的志士仁人来贵州开展智力支边活动，帮助贵州实现兴黔富民的奋斗目标。

也正是在这次会议上，参会的各民主党派专家学者经过考察论证后提出，毕节地区的情况在滇、黔、桂的喀斯特区域内最具代表性，可以考虑首先在毕节建立试验区，探索喀斯特地区人口、资源、生态良性发展的路子。对于民主党派专家提出的意见和建议，胡锦涛同志亲自部署有关部门予以研究。

1988 年 4 月，在北京筹办建立毕节试验区有关事宜之时，胡锦涛同志在北京贵阳饭店邀请各民主党派、全国工商联负责人举行座谈会，代表贵州省委、省政府邀请中共中央统战部、国家民委、各民主党派中央、全国工商联智力支边协调小组对毕节地区开展智力支边。各民主党派中央一致接受了这一诚挚的邀请。

1988年5月24日至6月1日，经中央统战部组织推动，全国智力支边协调小组协调，以九三学社中央副主席徐采栋为组长，民革中央四化服务委员会副主任沈学斌为副组长的赴黔工作组一行17人，正式为毕节建立试验区做前期考察工作。通过这次考察，工作组认为建立毕节试验区是一项战略任务，它将为我国西部地区的开发扶贫、生态建设积累经验。工作组会同毕节地区有关部门就工业、农业、能源开发，人才培训等方面洽谈，签署了24个项目的意向书。

《中国华人报》发表的一篇文章说："十五年前，胡锦涛主黔，在全国是第一个全邀八大民主党派集中到一个地区去参政议政，去共同制定一个地区的发展战略和部署的省委书记。研究中国改革进程的学者们还发现：按照邓小平'我们确定了一个政治目标，发展经济'的思路，胡锦涛诚邀民主党派到毕节试验区去'智力扶贫'，帮助制定一个地区的发展规划，参与试验区建设，实质上还表明：在八十年代中期，在中国的一个地区，已经开始了新的时代背景下的多党政治合作试验。"

1988年7月下旬，试验区成立不到一个月，毕节地委即派王绪才等同志赴京，向中央智力支边协调小组汇报试验区的工作并请求智力援助。中央统战部五局局长胡德平同志主持召开了会议，会议商定三点：一是由毕节地区组织力量制定试验区发展规划；二是国家智力支边协调小组于12月派出专家组，赴毕节地区指导修改发展规划；三是国家智力支边协调小组对毕节地委、行署要求成立试验区专家顾问组的意见予以考虑。

1988年9月12~20日，贵州省人民政府组成毕节试验区赴京汇报团，向国务院及有关部门汇报试验区的工作，并请求解决试验区工作中的一些具体问题，同时，请求国家智力支边协调小组帮助指导制定毕节试验区发展规划。国家智力支边协调小组经研究决定，由著名科学家、全国政协副主席、民盟中央副主席钱伟长率领专家工作组赴毕节帮助制定试验区规划。10月，钱伟长率领专家组对毕节进行了实地考察。经过考察，专家组提出，毕节试验区需要制定一个全面的发展规划，规划内容要涵盖开发扶贫、生态建设和人口控制三大主题，以经济开发促生态建设，于生态建设与经济开发之中，人口、资源、环境协调发展。近期要重点发展两烟、铅锌、乡镇企业，变资源优势为商品优势，形成支柱产业，增强发展后劲。在充分吸收专家工作组提出的意见和建议的基础上，11月，毕节地委、行署组织力量编制了《毕节地区开发扶贫、生态建设试验区建设规划（初稿）》，并送交国家智力支边协调小组专家工作组，专家工作组对初稿进行了认真的审议和讨论。

1988年12月7~13日，由钱伟长率领的以农工民主党中央委员、北京农业大学教授常进时为组长、李孝芳（九三学社中央委员、中科院教授）、叶文虎（致公党党员、北京大学环科中心副主任、教授）、杨金和（煤炭科学院化学研究所所长）、罗剑雄（民革中央四化工作培训部副部长、教授）为成员的专家组，再次来到毕节，和试验区发展规划编写人员一道，对发展规划初稿进行评审，详细、具体地提出了修改意见。12月14日，钱伟长率领专家组和毕节地委、行署的同志一道，在贵阳向中共贵州省委、省政府汇报对毕节试验区发展规划（初稿）的评议情况。

1989年4月28日，在中央智力支边扶贫协调小组的支持指导下，由中共贵州省委、省政府主持，《毕节地区开发扶贫、生态建设试验区发展规划》论证会在北京召开。经过论证，与会同志一致认为，毕节试验区发展规划，是经过大量调查研究，在吸收多方面有益意见和建议的基础上编制而成的。整个规划结构合理，层次清楚，重点突出，符合毕节实际，有较强的科学性，是可行的。规划的实施，其意义不仅仅在于解决毕节地区570多万人口的温饱问题，它对贵州乃至整个喀斯特贫困地区改变面貌、治穷致富、改善生态、振兴经济，将起到积极的探索作用。

为了推动试验区发展规划的实施，在组织上、制度上保证对试验区的工作指导不断线、不脱节，经多方酝酿，中央统战部、国家民委、各民主党派中央和全国工商联共同组建"支援贵州毕节试验区规划实施专家顾问组"并于9月20日正式成立。1989年9月25日，在中央统战部召开了顾问组第一次成员会议，顾问组组长钱伟长、杨纪珂、常进时教授和顾问组其他成员，中央统战部五局局长胡德平、贵州省和毕节试验区有关负责同志出席了会议。

　　毕节试验区专家顾问组是由中央智力支边协调小组组织领导、各民主党派中央和全国工商联选派高层专家联合组成的智力集团，是为毕节试验区实现发展目标而设立的智力支援机构。顾问组自成立以来已数次换届。顾问组成员都是由各民主党派中央、全国工商联选派的高层专家，这些专家社会影响大、学术造诣高、奉献精神强。在毕节试验区的20多年中，顾问组成为推进试验区发展的重要智力科技力量。

第三章　同心工程品牌和思想的嬗变

一　"同心"工程序幕的拉开

2010 年 6 月 28 日，中央统战部在贯彻落实胡锦涛等中央领导对毕节试验区建设做出的重要批示及 "4·14" 会议精神时，杜青林阐述了中央统战部、各民主党派中央、全国工商联 20 多年来参与毕节试验区建设的 "毕节经验"，提出整合各民主党派中央、全国工商联、东部十省市统一战线和国家 19 个部委力量帮扶毕节试验区，把帮扶内容归纳为 "智力支持、改善民生、生态建设、示范带动" 的 "同心" 工程。中央统战部制订了《2010 年统一战线参与支持毕节试验区建设项目计划》，正式拉开了实施 "同心" 工程的序幕。

2011 年 1 月 30 日，中共中央在北京中南海召开党外人士迎春座谈会。胡锦涛代表中共中央、国务院向各民主党派、工商联和无党派人士，向统一战线广大成员致以新春的祝福。胡锦涛指出，中国共产党成立以来90年波澜壮阔的历史和实践充分证明，思想上同心同德、目标上同心同向、行动上同心同行，是中国共产党领导的多党合作和政治协商制度最鲜明的特质，是我们不断夺取革命、建设、改革事业胜利的有力保证。这是中国共产党第一次鲜明提出"同心"的重要价值和深刻内涵，是对多党合作理论的最新发展，为统一战线"同心"品牌提供了理论依据。贾庆林在全国统战部部长会上也明确提出，要着力打造统一战线服务科学发展、促进民生改善的"同心"品牌，指导做好"同心"工作，激励倾力打造统一战线"同心"品牌。

同年，中央统战部进一步丰富、完善"同心"工程建设内容，将"同心"工程建设拓展为"助推发展、智力支持、改善民生、生态建设、示范带动"五个方面，"同心"工程正式成为"同心·五大工程"。统一战线参与支持毕节试验区建设的思路更加清晰，拓宽了参与面，加大了参与深度和帮扶力度。"同心"工程是中央统战部及各民主党派、全国工商联以"同心同德、同心同向、同心同行"为宗旨，齐心协力帮助解决边远山区、少数民族聚居的贫困地区经济社会发展及民族民生等突出问题的一项伟大工程。"同心"工程被毕节试验区及各县区广大干部和各族人民群众誉为"民心工程""富民工程""德政工程"。

统一战线打造的"同心"工程品牌，具有鲜明的时代性和政治性，是中国统一战线政治优势的集中体现，是执政党和参政党团结合作的生动实践；具有人文性，突出民生改善和服务发展、服务社会，提升文明素质，致力于推动发展成果惠及广大人民群众；具有教育性，既要起作用、又要让统一战线广大成员受教育，更加自觉地与党同心同德、共同奋斗；具有系统性，不局限于某一领域和某一方面，而是"同心·五大工程"同是一个庞大的社会系统工程。

"同心"工程以统一战线成员的参与为主体，以国家部委的支持为保障，以东部发达地区的援助为依托，以民营企业家的奉献为支撑，汇聚各种资源，从帮助贫困群众解决饮水、就医、就学、就业、出行等现实问题入手，顺应贫困地区人民脱贫致富、共享改革发展成果的强烈愿望，用看得见、摸得着的实际行动改善贫困地区农民的生产生活条件，提高农民的生活质量，保护和改善农村生态环境，促进生态文明建设。

"同心"工程品牌坚持以实践为原则，包含众多领域的特色活动和载体：突出以人为本，把保障和改善民生作为主攻方向，努力做到合民意、解民忧、惠民生、得民心；突出聚合效应，以"同心"工程品牌为中心，实现社会扶贫资源优化配置，促进各子品牌优势的聚合；彰显统一战线特色，把"同心"工程品牌作为统战工作的有效载体，最大限度地发挥统一战线的政治优势、团结作用和教育功能；注重统筹协调，合理协调各方力量，集合各方优势，形成上下互动、左右联动的良好格局。

在实施"同心"工程的过程中，中央统战部、各民主党派中央、全国工商联、试验区专家顾问组、东部十省市统一战线等部门的领导及关心支持试验区发展的社会各界人士，千方百计为试验区的经济社会发展出谋划策，积极参与各项经济社会建设，与广大干部群众心连心、肩并肩、齐奋进，激发了干部群众干事创业的积极性、主动性和创造性，形成了同心同德、同心同向、同心同行、努力拼搏的良好氛围。

"同心"工程是统一战线齐心协力帮助解决深山区、石山区、边远山区、高寒地区、少数民族聚居区经济社会发展及民族民生等突出问题的一项惠民工程。自试验区建立以来，统一战线在参与试验区建设和发展的过程中，历经20多年坚持不懈的探索和实践，逐步形成独具统一战线特色的"同心"工程，并将"同心"工程推向全国。毕节试验区"同心"工程品牌的逐步形成，使试验区成为新时期统一战线践行使命、参与地方经济社会建设的重要实践基地，成为统一战线服务科学发展的试验区、多党合作的示范区，成为全国统一战线学习和借鉴的榜样。同时，也为毕节试验区科学发展带来了机遇、注入了生机、增强了动力，使毕节试验区在探索集中连片的喀斯特贫困山区实现科学发展的道路上，走出一条适符合自身实际的同心共建、科学发展之路。

"同心"工程是新时期统一战线直接参与地方经济社会建设形式、内容的拓展、创新和总结，形成了新时期统一战线服务地方经济社会发展的重要载体和实践体系，以"同心"工程形式直接参与地方经济建设，直接服务经济社会发展，有利于整合各方力量、形成帮扶合力，帮助贫困地区发挥后发优势、实现跨越发展，是对统一战线参与毕节试验区建设27年丰富实践的科学总结，是对统一战线理论和实践的继承、创新和发展，有利于将统一战线参与毕节试验区建设的"毕节经验"推向全国。

二 "毕节经验"是"同心"思想 形成的理论基础

1985年以前，地处贵州西北的毕节地区是一个十分贫困的喀斯特山区，全区农民人均纯收入仅151元，农民人均占有粮食178公斤；8个县中有毕节、大方、织金、纳雍、威宁五个县被划为国家贫困县，赫章县被定为省级贫困县。经济贫困、生态恶化、人口膨胀是这里的真实写照。为了从根本上改变这种贫困面貌，1988年6月，在时任中共贵州省委书记胡锦涛同志的倡导下，经国务院批准建立了"开发扶贫、生态建设"试验区。它是中华人民共和国成立以来在贫困地区建立的第一个以消除贫困、实施可持续发展为突出特点的综合性改革试验区。试验区从建立之初便肩负着"小试验，大方向"和"近期作示范、长远探路子"的重要使命，为"毕节经验"的产生奠定了坚实的基础。

试验区成立30多年来，在党中央、国务院的亲切关怀下，在中央各部委、各民主党派中央、全国工商联的大力支持下，在中共贵州省委、省人民政府的直接领导下，牢牢把握"开发扶贫、生态建设、人口控制"三大主题，创新思路、深化改革、艰苦奋斗，率先在喀斯特贫困山区进行了科学发展的有益探索，经济社会面貌发生了翻天覆地的变化，创造出了一条在贫困地区实现经济、社会与人口、资源、环境协调发展的"毕节之路"。"4·14"会议和"6·28"会议对统一战线支持参与毕节试验区工作做了充分的肯定，是毕节试验区建设具有里程碑意义的重要会议，是试验区建设的又一个新的转折点，是"同心"思想最基础的理论。

毕节试验区的发展，凝聚着中央统战部、各民主党派中央、全国工商联的心血。可以说，没有统一战线的服务，就没有毕节试验区的今天，更没有今天的"毕节经验"。统一战线参与支持毕节试验区建设以来，思路不断完善，内涵不断丰富，领域不断拓展，形式不断创新，逐步形成了以各民主党派、工商联为参与主体，以智力支持为主要内容和特点，以长期共同支持一个贫困地区为形式的独具特色的统一战线服务科学发展的"毕节经验"。这一经验的创立、形成和发展，开创了统一战线服务科学发展的成功范例，形成了各民主党派、工商联参政议政的重要平台，体现了中国共产党领导的多党合作和政治协商的生动实践，是"同心"思想形成的理论基础。

三　"同心"工程建设是"毕节经验"
最亮丽的风采

2009 年 8 月至 2010 年 4 月，赫章遭受百年不遇的旱灾，为了筹资建设12752口同心水窖解决5.1万人的人饮安全问题，中央统战部竭力联络经济发达的北京、上海等10个省市和水利部筹措款项7000多万元。为了表达这来之不易的深情，赫章人将东部十省市统战部同心协力帮助修建的小水窖命名为"同心水窖"。赫章为了积极稳妥地组织实施好此项工程，2010年5月12日，县委、县政府成立了"同心水窖"指挥部，并决定将工程建设先在该县平山乡的清塘村和野马川镇前山村第一批试点，待试点成功后，再在全县全面铺开。由于群众的积极性高，2个试点村169口小水窖于5月15日开工建设，6月20日工程便全面完工。完工后，赫章经请示中央统战部同意，专门给169口小水窖设计镶贴了双桃形同心图案并附以"同心水窖"字样的标识牌，以表达对帮建者的至高谢意。这便是试验区进行的第一批"同心"工程试点建设，是"同心"思想的一块试金石。

赫章是中央统战部、台盟中央对口帮扶的县份，2010年7月21日，赫章"同心水窖"第一批试点总结暨全面铺开建设工程大会召开，水利部副部长胡四一、毕节地委书记秦如培等领导亲自到会指导。大会宣布，在全县"同心水窖"全面启动的同时，其他"同心"工程建设也一并启动。在全区"智力支持、改善民生、生态建设、示范带动"四大工程23类80多个项目中，赫章共涉及6类14个项目，有"同心水窖"建设工程项目、"同心·海联新农村卫生室"建设项目、"同心·沼气池"建设项目、"同心·千人万吨"集中供水工程、"同心·网校"试点工程项目、"同心·智力支持"项目、核桃技术培训和基地建设、援建学校项目、农业综合开发项目等多个项目。在毕节试验区9个县（市、区）中，赫章"同心"工程建设开工最早、投入最大、项目最多、激情最高，赫章成为"同心"工程的主战场，成为"同心"思想形成的前言和开篇。

2010年以来，中央统战部和台盟中央及其他民主党派、全国工商联、东部十省市和国家有关部委在试验区进行的以赫章县为代表的一系列"同心"工程建设，将统一战线服务科学发展提上了一个新的台阶。统一战线参与支持毕节"同心"工程建设涉及23类88个项目，遍及全区8个县（市）、250个乡镇，总投资1.5亿多元。在具体工作中，坚持工作思路以关注民生为本、资金投入以改善民生为先、项目建设以保障民生为重，共援建1.28万口"同心水窖"、6处集中供水工程，解决了8万多群众的饮水安全问题；支持建设5.1万口农村沼气池，有效解决了15万人做饭、照明问题；援建130所农村卫生室，帮助22万名群众实现了"不出村屯、就能看病"的多年夙愿；培训各类人才1万余人，3000多名学生接受职业教育，完成3所"同心网校"试点建设。同时发挥各方优势，形成帮扶整体合力。各民主党派中央、全国工商联14位领导同志先后21次深入毕节开展调查研究，推动10个专题成果转化，加强定点帮扶县市工作。国务院19个部委加大支持力度，部局级领导57次深入毕节，推动落实项目71个，涉及资金321亿元。东部十省市党委统战部筹集1亿元资金支持民生项目。"同心"工程建设的重大成就是"同心"思想形成的主题段落。

"6.28"会议后，中央统战部牵头建立了统一战线参与支持毕节试验区建设联席会议制度和东部十省市帮扶机制，构筑了支持毕节试验区科学发展更加坚实的平台。统一战线和国家有关部委多次深入毕节开展专题调研、谋划发展，进一步加大政策、资金、项目和智力的支持力度，整合各方资源促进试验区的科学发展，为试验区经济社会又好又快、更好更快发展注入了强劲动力。所确定的四大工程 80 多个项目，完全符合毕节的实际和群众的需求。据不完全统计，在之前的 20 多年里，统战部门共组织数百人多批考察组深入毕节调研，帮助制定发展战略和产业规划，与 8 个县建立定点智力支边扶贫制度；派出多批、多人次的专家、学者、企业家到毕节帮助工作，有的还挂职指导；直接引进资金和捐赠物资数亿元，帮助引进、联系和推动的项目数百个。如今，毕节着力转方式、调结构，打造新型能源、特色农业和旅游业三大支柱产业，建设两烟、马铃薯、经果林、生态畜牧业、劳务经济 5 个 100 亿元工程，这些无不是统一战线倾力帮扶所带来的成果。"同心"工程建设成为统一战线参与支持毕节试验区建设、服务科学发展、形成"同心"思想的辉煌篇章。

四 "同心"品牌是"同心"思想的
重要载体和环节

"同心"工程是我国多党合作制度在社会主义经济建

设领域里的具体运用，它深刻体现了中国共产党与统一战线各成员单位、发达地区与欠发达地区、广大干部与人民群众同心同德，密切配合，共同建设美好毕节的"同心"精神，既继承了老一辈革命家的光荣传统，又具有鲜明的时代特征。"同心"工程是对"毕节经验"的进一步探索、实践和拓展，它体现了统一战线智力、资源、政策和项目的有效整合，更好地推动了毕节试验区的科学发展和民生改善；有利于更好地将毕节试验区的建设经验辐射到西南乃至更广阔的贫困地区，从而进一步凸显"毕节经验"的示范带动作用。"同心"工程建设更是统一战线打造"同心"品牌的物质基础，是形成"同心"思想的重要载体和环节。

2011年3月21日，统一战线"同心"品牌研讨会在北京召开，全国政协副主席、中央统战部部长杜青林指出，打造"同心"品牌是在总结实施统一战线服务，科学发展"毕节经验"的基础上谋划提出的。"同心"品牌是科学发展的典范成果，"同心"品牌成为统一战线多党合作的光辉篇章，打造"同心"品牌有其重要性和必要性，是理解"同心"的最好诠释。

为了体现"同心"品牌的价值和深刻的政治含义，杜青林在"同心"品牌研讨会上要求，作为"同心"品牌标识，要设计完善好"同心"品牌视觉识别系统，增强这一品牌标识的统一性。要对各地各领域在推动科学发展、改善民生和服务社会等方面探索形成的有效举措和形式，加以科学评估，对已有品牌要向深度和广度拓展，实现优化提升。

如符合"同心"理念和内涵的，可纳入"同心"品牌。作为"同心"品牌的都应冠以"同心"称谓，形成"同心"系列品牌，力求资源利用最优化，进一步提升"同心"品牌的价值取向。

打造"同心"品牌不是贴标签，也不是搭空架子，而是要有实实在在的内容。中央领导同志指示精神和近年来的"同心"实践，是统一战线新的精神内核，是对多党合作理论的最新发展。"同心"品牌包含众多特色活动和载体，需要统一要求，把握共同原则。主要有几个方面：突出以人为本，把保障和改善民生作为主攻方向，努力做到合民意、解民忧、惠民生、得民心；强化聚合效应，以"同心"品牌为中心，实现工作资源的优化配置，促进各子品牌的优势叠加；彰显统战特色，把"同心"品牌作为统战工作的有效载体，最大限度地发挥统一战线的政治优势、团结作用和教育功能。我们有理由相信，"同心"品牌将成为广大统一战线发挥自身优势和作用的最新、最大、最好的载体和平台。"同心"品牌是对毕节多年特色活动经验的总结和升华，它从根本上区别于一般商业性品牌。"同心"品牌具有政治性，是统一战线政治优势的集中体现，是执政党和参政党团结合作的生动实践；具有人文性，突出民生改善和服务社会，提升文明素质，致力于推动发展成果惠及广大人民群众；具有教育性，既要起作用、又要让统一战线广大成员受教育，更加自觉地与党同心同德、共同奋斗；具有系统性，不局限于某一领域某一方面，而是一个系列，具有很强的活力。历史的发展将参政议政、改善民生、服务社会、同心同德、同心同向、同心同行的重要使命赋予了新时期的统一战线，"同心"品牌成为新时期统一战线发展的必然选择，是通向"同心"理论的必由之路。

五　"同心"思想成为多党合作理论的创新成果

统一战线参与支持毕节试验区建设、催生"毕节经验"、支持"同心"工程建设、参与"同心"品牌打造，一系列建设正如火如荼地进行着。2011 年 1 月 30 日，胡锦涛总书记在党外人士迎春座谈会上的讲话中指出，中国共产党成立 90 年以来波澜壮阔的历史和实践充分证明，思想上同心同德、目标上同心同向、行动上同心同行，是中国共产党领导的多党合作和政治协商制度最鲜明的特质，是我们不断夺取革命、建设、改革事业胜利的有力保证。胡锦涛提出的"三同"重要思想，是新形势下对统一战线和多党合作理论的创新和发展，具有深厚的历史底蕴和丰富的时代内涵，这就是"同心"思想的第一次科学提出，是直接对统一战线参与支持毕节试验区一系列建设的科学总结。

"同心"是统一战线存在与发展最坚实的根基。统一战线作为各种力量的政治联盟，离不开共同理想的感召、共同目标的激励、共同利益的维系，而根本归结于人心的凝聚。众人同心，形成的力量牢不可破，结成的联盟历久愈强。只有始终与党和人民同心、各方面成员同心，统一战线才能保持强大的凝聚力和旺盛的生命力。"同心"是统一战线价值追求最核心的体现。实现大团结、大联合是统一战线的永恒主题；团结一切可以团结的力量、调动一切可以调动的积极因素，是统一战线的不懈追求。这实质上是力求在差异性中实现一致性，最终达到同心这一最高境界。只有真正做到同心，才能多元而不冲突、多样而不分散、多变而不偏离，凝聚强大力量。

"同心"是统一战线鲜明特色最集中的反映。统一战线作为同与异的矛盾统一体，具有独特的理念、思维、风格和艺术，形成区别于其他领域的显著特点。以求同存异弥合分歧，以民主协商扩大共识，以和谐共赢深化合作，以荣辱与共坚定信念，从而达到思想、目标和行动上始终同心。这是统一战线保持特性、彰显特色的根本所在。

"同心"是统一战线作用发挥最重要的保障。统一战线的最大优势在人才，发挥作用的大小，关键看各方面成员是否前进方向同向、拼搏奋斗同力、合作成果同享，而根本在思想上是否同心。只有真正对共同事业具有认同感，对团结合作负有责任心，才能最大限度地发挥各自效能，最大程度地形成整体合力。

胡锦涛提出的"同心"思想，是试验区建设多年来从试验区建设到"同心"品牌的打造一系列建设工程的辉煌成果，是多党合作理论的创新与发展，它的提出进一步指明了新时期统一战线合作的理论新方向，为统一战线参与

"同心"工程建设、打造同心品牌、服务科学发展提供了理论依据。

"同心"思想孕育于中国民主革命的丰厚土壤，发端于中国共产党领导的多党合作的伟大实践，在中国革命、建设改革和开放进程中，各民主党派从同情、认同到最终选择并始终坚持中国共产党的领导，与党同道相谋、同气相求、同舟共济，形成了历久弥坚、牢不可破的"同心"品质，具有厚重的历史性、鲜明的时代性和巨大的包容性。如今各民主党派继续以毕节试验区这块厚重的试验田为载体和平台，继续丰富和发展"同心"思想的新内涵，毕节试验区正赶乘新一轮改革发展的东风，按照既定的"十二五"规划，利用统一战线在这里服务科学发展的优势，借助试验区试验的平台，以新的"同心"思想为指导，努力朝着"两年明显变化，五年大见成效，十年实现跨越"的目标迈进。

综合"同心"思想与"同心"工程、"同心"品牌、"毕节经验"的关系，总结多党合作的新成果，它是一个由理论到实践再从实践到理论的完美过程，从毕节试验区成立到"毕节经验"的产生，到"同心"工程的大力实施和"同心"品牌的完美打造，再到"同心"思想的最后总结，其中贯穿了统一战线多党派合作参与支持毕节试验区建设服务科学发展这一主线，它们之间循序渐进、联系紧密、相辅相成，互为条件基础、互为因果前提：试验区的建立和多党合作的传统是基础的基础；"同心"工程建设和"同心"品牌的打造是载体、是平台、是阶梯；"同心"思想是收获、是成果，是经验的总结、是理论的创新、是真理的突破；它们都共同在试验区发芽、壮大，共同在神州大地绽放、升华。

六　"同心"思想与毕节试验区建设相关问题思考

"同心"思想的提出，是胡锦涛同志以马克思主义做指导，深刻分析国内外发展趋势，紧密联系我国革命、建设和改革实践，为中国化马克思主义理论探索建设做出的重大贡献。"同心"思想集中回答了为什么要"同心"——因为它是中国共产党领导的多党合作和政治协商制度最鲜明的特质，是我们革命、建设和改革不断取得胜利的有利保证；在什么方面"同心"，即思想上同心同德，目标上同心同向，行动上同心同行；以及怎样才能"同心"等一系列重大的现实政治问题。为中国特色社会主义民主政治建设指明了方向、界定了方位、规划了路径。它的伟大意义和深刻内涵的不断被发掘、实践、丰富，必将为中国特色社会主义理论体系建设提供重要的理论支撑。

"思想上同心同德、目标上同心同向、行动上同心同行"，是中国共产党领导的多党合作和政治协商最鲜明的特质。它的提出，一是突出了"同心"作为世界上独具特点的政党制度、协商民主的中国基本政治制度的独有特色和本质。二是强调了在注意吸收世界各政治共同体建设经验

（如高度注重权力制衡等）的同时，更加突出把中国的政治共同体建设放在价值共同体建设基础上，把合规律性与合目的性有机结合，建设中国特色新型民主政治共同体。三是表现出这一论断高度注重为政治共同体建设提供不竭生机和活力，既注重现有资源潜力发挥，又更加注重执政（参政）资源的可再生性，通过开源拓流，不断扩充流量、盘活存量、优化增量、激活总量，使最广泛的统一战线和执政党建设具有源源不断的资源支撑。四是深化了党的十六大报告提出的"不能简单地把有没有财产、有多少财产作为判断人们政治上先进和落后的标准，而主要应注重他们的思想政治状况和现实表现，看他们的财产是怎么来的以及对财产怎么支配和使用，看他们以自己的劳动对中国特色社会主义所做的贡献"。通过对人们价值判断和政治属性的强调，进一步淡化阶层间的经济差别。从凝聚各基层的政治共识着眼，突出统一战线大团结、大联合的鲜明主题，强化多党合作、政治协商凝聚人心、汇聚力量的根本职能。从而，对发展壮大的新世纪、新阶段统一战线进一步成为全体社会主义劳动者、社会主义事业建设者、拥护社会主义的爱国者和拥护祖国统一的爱国者的最广泛联盟；反映中国共产党在党的建设、民主政治建设理论上的与时俱进；在巩固党的阶级基础、扩大党的群众基础，在激发各方各界的政治参与和劳动创造的热情、大力促进社会主义和谐社会建设的高度上，做出了前无古人的巨大建树。五是以更加深刻全面的世界视角，明确回答了中国共产党和各民主党派、社会各界的执政

（参政、政治协商）合法性问题，强调人们的政治认同与奋斗目标、实践活动的有机统一。把同心同德、同心同向、同心同行作为人们对中国特色社会主义制度、道路和理论体系架构的忠诚、认同与实践的具体目标、路径和检验尺度，避免了仅以某一阶段性或某一方面的任务作为评价尺度的局限性。紧扣人民对政党、政治体制、政权的认同与忠诚这一合法性核心，为执政（参政、政治协商）合法性问题一劳永逸地解决提供了坚实平台和广阔空间。六是对"长期共存、互相监督、肝胆相照、荣辱与共"十六字方针与时俱进地进行了深化和具体化，更深刻全面地揭示和反映了新世纪、新阶段各阶层关系具有相互促进、共存共荣的社会特点。

　　虽然作为新时期统一战线和多党合作成功范例的毕节为"同心"思想的提出做出了无与伦比的巨大贡献，但包括同时期的省内黔西南、省外的甘肃定西等，以及历时态的延安、深圳及浦东等均做出了不同程度的贡献——只有具有广泛性，"同心"思想才能真正推动"同心"建设。同时，中国共产党自身有能力和亲身实践"同心"思想，是"同心"思想具有生机和活力的根本所在。仅从毕节试验区的实践看，各党派和社会各界经历了从"智力支边"到"参加参与"，再到"同心共建"的历程。其间，当然有各党派的志士仁人和各界有识之士的政治自觉，但从根本上看应该是得益于党和国家的路线、方针、政策的指引，得益于以胡锦涛同志为代表的一大批共产党人引领时代潮流、创建试验区的正确决策，得益于试验区干部群众艰苦卓绝的探索与奉献。

其中，最应关注的在于胡锦涛同志把推进区域科学发展与为
更广泛地区"做示范、探路子"的战略构想作为广泛社会
共识，满足和适应了各方各界的实践需求；在于试验区科学
发展主题所具有的亲和力、影响力、凝聚力和吸引力。正是
基于以上种种，我们有理由认为："同心"思想建设，对中
国共产党自身建设提出了更高要求——它要求全体共产党员
更加紧密地团结在中共中央周围，身体力行"同心"思想，
通过汇聚全体党员和广大人民群众的智慧，形成正确的路
线、方针、政策，形成执政党和执政党成员的"立心立
德"。继而，通过党的路线、方针、政策的指引，实践"三
个代表"重要思想，推动科学发展，以真理服人、以真情
动人，建立最广泛的统一战线和最普遍的社会主义民主，以
政治促经济、以民主推民生，实现包容性增长，达到"同
心同得"，促进社会和谐，迈向美好明天。

第四章　统战部门帮扶

一　中央统战部参与支持
毕节试验区建设

中央统战部始终高度重视毕节试验区的建设工作，1994年将赫章县作为扶贫联系点，历任领导亲自牵头推动统一战线参与试验区建设工作。1996年4月30日，时任全国政协副主席、中央统战部部长王兆国帮助协调推动赫章县沙石到可乐输变电工程开工建设，解决了7个乡135个村10多万贫困农户的用电困难，给赫章西北部7个乡的脱贫插上腾飞的翅膀。刘延东在担任中央统战部常务副部长期间，亲自到交通部帮助协调赫章的公路建设问题，经中央统战部领导四处呼吁，总投资6200万元的212省道赫章过境段41公里的改造工程得以顺利实施。杜青林在任中央统战部部长期间，每年深入试验区视察指导，牵头建立了统一战线参与毕节试验区建设联席会议、东部十省市参与毕节试验区建设等工作机制，整合各方力量实施"同心"工程，使统一战线参与毕节试验区建设迈上了新台阶。孙春兰就任部长后在不到一年时间内两次深入毕节试验区视察指导工作，对中石化织金项目、黔电送渝等做出重要批示，牵头召开统一战线聚力脱贫攻坚暨多党合作参与毕节试验区建设座谈会，树立了统一战线参与毕节试验区建设的又一个里程碑。

（一）呼吁高层关注，抓好顶层设计

统一战线通过信息报送、民主协商等方式，向党中央、全国人大、国务院、全国政协汇报毕节试验区的建设情况，帮助高位助推发展，2008 年以来中央领导同志做出重要批示 30 多次，特别是 2011 年初胡锦涛同志在中共中央召开的党外人士迎新座谈会上提出了"同心"思想后，原中央政治局常委、全国政协主席贾庆林同志多次就毕节试验区践行"同心"思想做出批示，指出：统一战线和各有关方面深入贯彻"同心"思想，积极参与毕节试验区建设，取得显著成效。希望认真总结经验，以"同心"思想为引领，发挥优势、突出特色，努力把毕节试验区建设成为服务科学发展的试验区、多党合作的示范区，不断提高统一战线参与毕节试验区建设的科学化水平。2012 年，原中央政治局委员、中央统战部部长杜青林同志批示：胡锦涛总书记和贾庆林主席的重要批示充分肯定了统一战线参与毕节试验区建设工作取得的成绩，这是对我们的极大鼓励和鞭策。特别是重要批示强调要坚定贯彻"同心"思想，奋力推进"同心"实践，

不仅为统一战线参与毕节试验区建设进一步指明了努力方向和工作重点，也对统一战线坚持用"同心"思想凝聚共识、指导实践，提出了非常明确的要求。我们要全面贯彻胡总书记和贾主席的重要批示，切实以"同心"思想引领好统一战线参与毕节试验区建设，切实以"同心"思想指导谋划好统一战线各领域各方面工作……

党的十八大以来，以习近平同志为核心的新一届中央领导集体十分重视毕节试验区的工作，习近平总书记三次对试验区发展做出重要批示和指示。特别是在 2014 年 5 月 15 日，习近平总书记在贵州省委上报的《关于毕节试验区建设发展情况的报告》上做了重要批示，要求有关方面继续关心支持毕节发展，要求试验区进一步深化改革，锐意创新，埋头苦干，同心攻坚，努力实现人口、经济与资源协调发展，为贫困地区全面建成小康社会闯出一条新路子，同时也在多党合作服务改革发展实践中探索新经验。此后，中央统战部牢牢把握毕节试验区发展的历史新机遇，继续牵头协调统一战线围绕五大"同心"工程，全方位、多角度推动试验区改革发展，统一战线参与毕节试验区建设的伟大事业迈入了同心攻坚的新阶段。

中央统战部牵头的统一战线在参与毕节试验区建设过程中，充分发挥智力密集优势，着眼于促进优势资源转化、发展特色经济、增强自身发展能力，组织召开规划评审会、论证会、推进会等 60 多场会议，提出合理化建议 2600 多条，帮助指导制定《毕节试验区开发扶贫生态建设试验区发展规划》《毕节地区国民经济社会发展规划》等重大综合规划、专项40多个，推动国务院批复实施了《深入推进毕节试验区改革发展规划》，确保试验区"三大主题"围绕"科学发展"和"同心攻坚"方向实践。同时，统一战线还根据国家宏观经济形势变化，针对毕节发展实际，帮助试验区提高科学决策水平。如试验区专家顾问组建议把扶持小微企业发展作为新时期推动民营经济发展的重要支撑，市委、市政府出台了一系列措施，建立了45个小微企业孵化园，一批小微企业不断发展壮大。全市因地制宜，大力发展生态林果业、中药材等特色产业，开辟了群众增收致富的宽广渠道。

（二）建立多项机制，助推同心攻坚

2009年"4·14"会议以后，中央统战部牵头建立了统一战线参与毕节试验区建设联席会议制度。联席会议成立以来，6次在北京召开联席（扩大）会议，及时安排部署统一战线参与试验区建设的具体工作任务，整合了支持力量，加大了支持力度，推动毕节发展的作用更加突出。其中：第三次联席会议上提出以"同心"工程为品牌，明确要实施23类大项目，80多个具体项目；第四次联席会议提出"同心"品牌是毕节试验区建设历史性、开创性成果，具有重要理论和实践意义，要围绕打造"同心"品牌，精心组织和实施"助推发展、智力支持、改善民生、生态建设、示范带动"五大工程，全面推进17个类型项目落实；第五次联席会议提出要以"同心"思想引领，把毕节试验区建设成统一战线服务科学发展的试验区、多党合作的示范区和贯彻"同心"思想的模范区，提出要精心组织"同心"工程，突出"人才培训、改善民生、产业提升"三大亮点，彰显"同心"品牌和"毕节模式"效能，进一步提高统一战线参与毕节试验区建设科学化水平。

建立东部十省市帮扶机制，拓展参与支持范围。在联席会议制度框架下，统一战线参与作用、国务院有关部门支持作用、东部十省市党委统战部帮扶作用、专家顾问组咨询作用和中央统战部综合协调服务作用进一步发挥，形成各负其责、多方联动、推进有力的强有力工作格局。2011 年 5 月，在联席会议机制带动下，由中央统战部牵头，形成由北京、天津、河北、辽宁、上海、江苏、浙江、福建、山东、广东东部十省市统一战线参与试验区建设的工作机制，进一步发挥了东部发达地区在人才培训、招商引资、专项扶持等方面的作用，形成了试验区与东部发达地区交流合作、共谋发展的良好格局。东部十省市统一战线参与试验区建设工作机制自形成以来，帮助毕节引进项目 350 多个，涉及资金 4100 多亿元，有力推动了试验区改革发展。

建立干部挂职锻炼机制，拓宽经验交流和人才培养渠道。全国政协、中央统战部、各民主党派中央、全国工商联和部分民主党派省级组织先后选派 100 余名优秀年轻干部到试验区挂职锻炼。挂职干部在直接参与试验区建设的同时，注重做好调查研究、信息沟通等工作，撰写出调研报告 20

多篇，帮助反映有关情况，争取各方面支持；直接参与推动落实帮扶项目 110 多个，成为助推试验区建设发展的重要力量。比如，民革中央挂职干部魏国良经多方联系，协调筹集资金 50 万元，援建纳雍县羊场镇乐丰社区保意卫生服务中心，解决了当地 6 万多名群众的就医困难。

（三）推进同心工程实施

2010 年 6 月 28 日，统一战线参与毕节试验区建设第三次联席（扩大）会议，把帮扶内容归纳为"智力支持、改善民生、生态建设、示范带动"的"同心"工程，拉开了"同心"工程建设的序幕。2011 年，中央统战部进一步丰富完善了"同心"工程的建设内容，将"同心"工程建设内容拓展为"助推发展、智力支持、改善民生、生态建设、示范带动"五大工程，统一战线参与试验区建设的实践步入了系统化、规范化、项目化轨道。

结合自身优势，助推试验区跨越发展。实施改善基础设施"同心"工程项目 286 个，投入资金 247.9 亿元。试验区交通、水利等基础设施取得新突破，"铁、公、机"的立体交通格局基本形成，发展基础不断夯实。帮助借力发展，开展招商引资活动，协调引进年产 30 万辆卡车的力帆时骏、中石化煤制烯烃、上海雪榕集团等优强企业入驻试验区发展，有效带动了相关产业集群的形成。

以智力扶贫为主线，帮助试验区增强内生动力。协调国家教育局、商务部、卫生计生委等国家部委支持试验区开展各类培训。各民主党派、工商联通过"同心·助医工程""同心·博爱行""同心·智力行""同心·彩虹行动"等帮扶活动载体,实施立体式智力扶贫。培训教师、医务人员、基层干部、农技人员等26.3万人次。中华职教社协调东部21家职校与试验区开展"1+1+1"联合办学工程,完成了11000多名"两后生"的培训就业,提升了试验区职业教育办学水平,实现了人口资源向人力资源转变的新突破。"同心"工程项目实施以来,共完成智力支持项目508个,完成投资1.38亿元。

以改善民生为重点,着力改善群众生产生活条件。协调推动国家交通运输部、水利部、铁路总公司等部委加大试验区基础设施建设力度,厦蓉、杭瑞、毕威、黔织等高速公路,织毕、织纳、成贵等铁路,毕节机场、夹岩水利枢纽工程等一批事关试验区发展的重大项目顺利推进。投入4000万元资金建设"同心新村",带动地方投入数亿元,改善了4600多户群众的居住条件;推动投资近亿元建成小水窖1.4万余口,带动有关部门投入大量资金,为赫章等县80%的村建设小水窖,节省了大量劳动力。当地群众形象地说:"一座水窖胜过一个孝子。""同心"工程项目实施以来,共完成改善民生项目430多个,完成投资540多亿元。

以生态建设为保障,推动试验区绿色发展。协调推动在试验区实施了"中国3356"项目、世行贷款贫困地区林业发展项目、"长防"工程、飞播造林、封山育林、天然林资源保护、退耕还林等林业生态建设工程。协调国家发改委、国家林业局、环保部等加大对试验区政策、项目、资金的支持力度，开展科技生态示范林基地建设、小型农田水利建设、科技人员培训等，引进企业参与城市环境建设，积极为试验区生态建设、绿色发展探索科学发展之路。"同心"工程项目实施以来，共完成生态建设项目70多个，完成投资50亿多元。

以示范带动为切入点，激发试验区内部活力。协调国家民委、科技部、农业部、国务院扶贫办等加大对试验区支持力度。协调资金近6000万元支持建设65个农业科技示范基地，带动12万余人发展，直接受益群众6000余户2万余人。开展"百企帮百村"活动，协调112家企业与试验区112个村形成结对帮扶，投入资金物资约5300万元支持试验区农村产业发展，拓展了试验区干部群众的视野，激发了试验区内部发展的活力。"同心"工程项目实施以来，共完成示范带动项目140多个，完成投资近5亿元。

以精准扶贫为落脚点，把同心攻坚引向深入。近年来，中央统战部主要领导频繁深入毕节试验区考察调研，多次对毕节试验区扶贫攻坚工作做出批示：要进一步整合资源、突出特色，科学帮扶、精准帮扶，把毕节打造成统一战线服务改革发展试验区、多党合作示范区。并与省委、省政府主要领导共同研究提出了毕节试验区帮扶工作要实现"组织化、平台化、基地化、项目化、品牌化"的要求，为新时期统一战线助推毕节脱贫攻坚做出了"顶层设计"。同时，就毕节试验区的精准扶贫、同心攻坚工作还做出了具体的安排部署，即要：精准谋划，高位推动；精准施策，项目扶贫；扶贫扶智，精准提质；助教助医，精准发力；产业带动，精准培育。

二　东部十省市统战部部门集中力量支持

自毕节试验区建立以来，东部发达地区各省市的统一战线部门始终关心、支持试验区建设。特别是 2009 年"4·14"会议之后，中央统战部牵头建立了统一战线参与毕节试验区建设联席会议制度。在该机制的带动下，经中央统战部牵头，形成了由北京、天津、河北、辽宁、上海、江苏、浙江、福建、山东、广东东部十省市统一战线参与试验区建设的工作机制，相关省市积极作为，充分发挥他们在人才培训、招商引资、专项扶持等方面的优势，推动实现东部发达地区与试验区建设需求有效对接，形成了试验区与东部发达地区交流合作、互利共赢的良好发展格局。

（一）"东西"结合，勠力"同心"

为了进一步加强与东部十省市统一战线的联系，加强交流，推介项目，扩大合作，持续借助东部统一战线力量参与支持毕节试验区建设。在省委统战部的支持下，毕节市建立了"东部十省市走访机制"，由省委统战部领导和市委、市政府领导率队，各县区主要领导参加，每年组织部分县区赴东部开展走访交流活动，搭建了与东部十省市的交流平台，为试验区与东部十省市共谋发展奠定了坚实基础。

东部十省市统战部门也多次组织团、组赴毕节开展考察交流、签约捐赠等，特别是 2011～2016 年，部分赴毕节推进"同心"系列活动的频次及规模可谓空前：2011 年 4 月，全国部分非公有制经济人士和港澳工商界知名人士走进"毕节试验区投资洽谈会"，东部十省市党委统战部、工商联、民主党派领导等出席并部分做会议发言；2011 年 7 月 23 日，湖南省委统战部部长率 60 余人的代表团到毕节考察交流；2012 年 3 月，浙江省委统战部部长率该省部分民营企业家到毕节考察，并协调 14 家企业结对帮扶大方县、赫章县 14 个村，捐赠 100 万元援建赫章县两所教师周转房；7 月底，广东省委统战部部长率该省党外领导干部和企业家考察团到织金县开展"同心·毕节扶贫牵手行动"，在同心帮扶捐赠仪式和签约活动上，广东省委统战部与织金县政府签订了帮扶协议，并向织金县捐赠资金和物资共计约 1350 万元；9 月，天津市委统战部常务副部长率队到纳雍县察调研并在七星关区召开了座谈会，福建省委统战部部长率队赴赫章县考察；10 月，湖北省襄阳、十堰市以及广州市委统战部领导先后率团赴毕考察调研"同心"思想和"同心"工程；11 月，山东省委统战部领导赴赫章县就百企帮百村工作进行实地考察调研。

在东部十省市统一战线参与试验区建设的工作机制的推动下，中央统战部进行统一调度、整体推进，既调动了东部十省市帮扶试验区建设的积极性，又进一步整合了东部十省市统一战线参与试验区建设的力量。同时，毕节试验区通过加强与东部发达省市的交流互访，积极探索与港澳台和海外合作的新领域，充分发挥有关省市台盟、海外联谊会、侨联、台联对外联络的优势，大力开展大农业和新能源汽车招商引资活动，将毕节的资源优势与东部沿海发达地区的资金优势有效嫁接，助推了东部优势产业与试验区的共赢发展。

在探索帮扶突破口与寻找抓手方面，东部十省市统一战线在毕节试验区开展了"百企帮百村"活动，重点在企业带动乡村经济发展上做文章，通过"公司+农户""公司+基地+农户""合作社+基地""公司+合作社+基地+农户"等利益联盟模式发展特色产业，带动农民致富，把企业的人才、资金、技术、市场等优势与贫困村的土地、资源、劳动力等要素进行有效对接，进行合作开发，把扶贫开发与企业自身发展有机结合，实现互利共赢。利用企业的人才和技术优势，向农民提供技术服务和技能培训，优先招用帮扶村的劳动力进入企业就业。

（二）掷地有声，光彩照人

"同心"之花绽放黔西北。2010年，在中央统战部的牵头下，东部十省市统一战线筹集资金5000万元援建赫章县1.28万口"同心"小水窖，解决了试验区22万名群众的饮水安全问题；2011年，投入资金4000万元支持全市9个"同心新村"建设，地方则整合各方资金2.3亿元，共组织实施黔西北民居、基础设施、公共服务和产业发展四大类

35个项目，建成后的9个"同心新村"环境优美，如同9朵盛开在黔西北大地上的"同心"之花，展示出试验区新农村建设欣欣向荣的发展气象。

"百企帮百村"助推百业兴。在中央统战部的牵头下，中央统战部五局以及东部十省市统一战线联系全国112家企业与毕节试验区112个村建立了"一企一村"结对帮扶关系，第一阶段五年拟投入资金及物资折合人民币共计5211万元，已到位资金1512万元，惠及人口64921人。

穿针引线扩大招商引资。在东部十省市统一战线的帮助下，2009年以来，毕节的招商引资工作如虎添翼，在全市全面推开，全市协调企业签约项目351个，签约金额达4122亿元，这其中东部十省市的统一战线充分发挥引见协调作用，做出了巨大的贡献。

助力宣传推介，提升开放水平。通过市、县两级的主动出击和十省区的协调对接，近年来毕节市共组织300多批次4000余人参与各个层次的往来交流宣传活动；在贵州省第七届旅游产业发展大会期间，部分省市帮助协调当地电视台播放毕节旅游宣传片，有力提升了试验区的对外开放水平。

深入实施"同心"工程。在中央统战部的统筹推进下，2011年以来，东部十省市统一战线牵头在毕节试验区实施"同心"工程374个，协调投入资金8618.51万元。

（三）"东西"同心，任重道远

东部十省市参与毕节试验区建设机制运行良好，并已产生了累累硕果，但"东西"同心一直都在路上，"山与海的合作"仍然任重道远。

要趋势借力不休止。抓住国家有关部委针对毕节市的差别化政策支持和本市的后发优势，进一步加强与东部十省市统一战线的联系，开展引人才、引技术、引项目、引资金、引经验活动，深度推进东部十省市与试验区优势融合，努力实现毕节试验区与东部发达地区形成优势互补、共谋发展、实现共赢的良好格局。

加大与东部十省市的协调对接力度，加强与帮扶省市的对接交流，找准自身需求和发达省市优势，推动各项帮扶工作更有针对性、实效性，真正把各项帮扶转化为加快地方经济社会发展的助推器。

做好服务协调，推进帮扶项目落实。立足促进项目效益最大化，把东部十省市的每一个帮扶项目建在群众的心坎上、落实在群众心窝里，让群众真正得实惠，让"同心"工程得人心，充分利用东部十省市统一战线的帮扶力量，推进全市经济社会又好又快发展。

三　统战部门帮扶毕节试验区的样板工程

（一）中央统战部——突出主体地位助推赫章发展

1994年，中央统战部开始对赫章县进行定点帮扶，中央政治局委员、统战部部长孙春兰和历任统战部部长王兆国、刘延东、杜青林亲赴赫章考察指导工作，组织各民主党派在毕节市召开统一战线聚力脱贫攻坚暨多党合作参与毕节试验区建设座谈会，台盟中央及各民主党派亲赴赫章县考察指导脱贫攻坚工作，给予毕节试验区及赫章县莫大的关心和鞭策。多年来，中央统战部先后协调台盟中央、国家有关部委、深圳市福田区、东部十省市统战部参与支持赫章建设，坚持不懈地开展了大规模、多层次、全方位的帮扶工作，为赫章经济社会发展做出了重大贡献。

帮助改善基础设施。协调国家交通运输部项目资金 18 亿元，建成通村水泥路 1328.9 公里、县城南环路 16 公里，并对 326 国道赫章过境段进行升级改造。协调东部十省市统一战线捐资 5000 万元，建成"同心水窖" 12804 口。协调水利和农业部门项目资金 2927.4 万元，建成"千吨万人"集中供水工程 6 处，援建"同心·沼气池" 10000 口。协调中华海外联谊会捐资 710 万元，援建赫章儿童福利院，援助赫章建成"同心·新农村"卫生室 42 所。协调宋庆龄基金会捐资 678 万元，援建赫章妇幼保健院和古达乡中心小学学生食堂。

帮助推进生态建设。协调国家林业局大力支持赫章退耕还林和石漠化治理工程，完成退耕还林 35.76 万亩、人工造林 4.9 万亩、封山育林 21.56 万亩、治理石漠化面积 22.16 万亩，全县森林覆盖率达 54.23%，为赫章守住了生态底线，营造了天蓝、地绿、水净、空气清新的良好环境。

参与美丽乡村建设。2012 年，中央统战部协调捐资 453

万元、台盟中央捐资 100 万元，集中打造平山江南"同心新村"，配套建成"江南同心·连捷幼儿园"和综合文体中心，规划建设了樱桃等经果林基地。

帮助开展干部域外培训。坚持每年在北京怀柔或江苏苏州为赫章举办两期乡科级干部培训班，共为赫章培训乡科级以上干部 458 名。

支持教育事业发展。协调教育部"国培计划"和"特岗教师计划"在毕节试验区实施，共为赫章培训中小学教师 3000 余人，招聘"特岗教师"1400 名。协调南京爱德基金会捐资 1000 万元，支持赫章一中搬迁扩建工程。协调捐资 500 万元，在毕节试验区设立"同心·光彩助学基金"，每年资助赫章贫困大学生 10 名，人均助学金 6000 元。

（二）东部十省市——"百企帮百村"

得益于中央统战部的重视与支持，并成功协调东部十省市统一战线和有关方面集中力量支持毕节试验区的建设事业，十省市统一战线协调和引荐的企业积极发挥优势，齐心协力，加大力度，与毕节试验区的干部群众一道，共同推进了"百企帮百村"这一浩大工程的开展，可谓成效显著。"百企帮百村"活动的开展帮助和支持农村发展在安排劳动力就业、改善基础设施、拓展农民的增收渠道、改善交通条件、产业带动等方面做了大量卓有成效的工作，融洽了非公有制经济人士与农民群众的关系，促进了农村经济的发展。全市 112 个村已全部形成结对帮扶，拟投入资金及物资折合人民币共计 5211 万元，惠及人口 64921 人。

广东省帮扶织金县 10 个村。2012 年 7 月 31 日至 8 月 1 日，广东省委常委、省委统战部部长林雄率企业家赴织金县开展帮扶结对活动。广东统一战线开展"同心·毕节（织金）扶贫牵手行动"，10 个企业与织金县 10 个村签订结对帮扶协议，拟捐赠织金贫困村光彩资金 600 万元；广州中恒集团有限公司捐赠织金县价值 300 万元的药品；恒大集团、宜华企业（集团）有限公司、友和国际投资有限公司、深圳翰宇药业股份有限公司、深圳市怡景投资发展有限公司、兴华集团国际有限公司分别向织金县捐赠帮扶资金 200 万元、100 万元、100 万元、20 万元、20 万元、10 万元。织金县以广东统一战线的帮扶资金为支点，整合各方面资金共计 930 余万元参与修建绮结河村通村公路，将该条公路总长度增加到 8.3 公里，路修好了，生态种植企业进来了，不光解决了该村剩余劳动力的就业问题，还让当地的百姓逐步掌握了先进的种植技术。帮助中寨乡金鹅村修建竹荪种植大棚，建成后种植、栽培、采摘、烘烤都雇用当地的群众，从而让群众在家门口就能打工，在解决剩余劳动力问题的同时极大地缓解了留守儿童、空巢老人等社会问题。同时，该村竹荪种植大户还将种植技术传授给当地的百姓，让大家都掌握技术，共同富裕。广东统一战线为 10 个贫困村的百姓"同心共筑中国梦"增添了浓墨重彩的一笔，帮扶资金累计到位 647.4 万元，受助群众达 12473 人，其中 2012 年广东捐赠 637.4 万元（含价值 100 万元的药品）。

　　福建省帮扶赫章县 10 个村。2012 年 9 月 19~20 日，福建省政协副主席、省委统战部部长雷春美率闽籍企业家共35 人组成的考察团，到赫章县开展福建省统一战线"同心·毕节（赫章）企村牵手行动"。中共福建省委统战部与赫章县人民政府签署了《福建省统一战线"同心·毕节（赫章）企村牵手行动"协议书》，三盛地产集团、福建盼盼食品集团有限公司等 10 家闽籍企业分别与赫章县朱明乡田坝村、河镇乡海雀村等 10 个村签订了《福建省统一战线"同心·毕节（赫章）企村牵手行动"企村结对协议书》。帮扶协议涉及资金共计 500 万元，平均每个村 50 万元（分5 年帮扶）的帮扶资金。

　　2013 年 4 月 16~29 日，赫章县委书记黄光江率县直部门有关负责人一行到福建和山东考察，与福建省委统战部、山东省委统战部和有关帮扶企业就推进"百企帮百村"活动进行了沟通和协商。福建省委统战部表示，将以"百企帮百村"活动为载体，进一步加大对赫章的帮扶力度，近期将组织企业家赴赫章考察。福建省协调帮扶资金共计 220万元汇入赫章统战部账户。

　　天津市帮扶纳雍县 10 个村。2012 年 9 月 17~19 日，天津市委统战部常务副部长刘剑英、天津市工商联主席黎昌晋率天津市企业家考察团到纳雍县就"百企帮百村"前期工作进行实地考察调研。帮扶仪式上，天津市各区县工商联、浙江商会、华商学院等帮扶单位与纳雍县雍熙镇等 10 个乡镇签订帮扶协议。天津市统一战线于 12 月 18 日召开对口帮扶纳雍县"百企帮百村"活动新闻发布会，发布会由中共天津市委统战部、天津市工商业联合会、天津光彩事业促进会和天津日报社主办，天津市各分区工商联主席、企业家参会，38家媒体记者到会报道。天津市统一战线共拟投入帮扶项目资金472万元，其中：和平区工商联筹资100万元，用于帮扶阳长镇海子村建设一所光彩小学和一个文化站；河西区工商联筹资100万元，用于帮扶王家寨镇路尾坝村发展农家乐旅游项目；津南区工商联筹资110万元，用于帮扶厍东关乡厍东关村发展玛瑙红樱桃种植业及旅游业；浙江商会筹资122万元，用于帮扶化作乡枪杆岩村开发整合旅游产业；华商书院天津校友会筹资40万元，用于帮扶龙场镇新塘村发展刺绣产业。此外，北辰区工商联主席企业塑力集团向纳雍县捐赠价值2000万元的线缆设备，尚融品牌传播机构、宜创广告有限公司向纳雍贫困儿童捐赠棉衣1000件。

2013年11月21日，天津市和平区委统战部赴纳雍县阳长镇，带来第一批资助款50万元为海子村建设一所光彩小学和一个文化站。天津市共协调帮扶资金170万元帮助和支持纳雍县贫困村改善了基础设施、拓展了农民的增收渠道、改善了交通条件、带动了产业发展。

河北省帮扶威宁县10个村。2012年9月5日，河北省廊坊市委统战部常务副部长张万刚率河北省汇福粮油集团副总经理李国栋一行5人到威宁县么站镇大树村开展"百企帮百村"活动。2013年5月22日，河北省委统战部常务副部长、工商联党组书记武志雄率秦皇岛、张家口等市统战部领导及非公企业负责人到威宁县开展"百企帮百村"工作。河北省统战部对口帮扶 10 个村的工作全面开展，已投入帮扶资金 61 万元。一是廊坊市委统战部和廊坊市汇福粮油集团帮扶幺站镇大树村，廊坊市委统战部干部职工捐款 8 万元，资助大树村水塘小学 450 名贫困学生；汇福粮油集团为大树村水塘小学出资 5 万元，帮助修建学生食堂，改善办学条件。二是石家庄市神威药业集团帮扶迤那镇中心村，神威药业集团捐资 5 万元帮助中心村购买电脑、打印机等办公设备，帮助改善村办公条件。三是张家口市华耐家居集团帮扶炉山镇元林村，筹集帮扶资金 6 万元，主要用于元林村调整产业结构，发展农村经济。四是承德市畅达集团、鸿泰建工共同帮扶东风镇三庄村，畅达集团、鸿泰建工捐资 5 万元，帮助三庄村三庄小学购买课桌凳，改善三庄小学办学条件。五是秦皇岛市方华贸易集团帮扶迤那镇中海村，到位帮扶资金 5 万元，主要用于村基础设施建设。六是唐山市东方房地产集团帮扶观风海镇塘房村，捐资 5 万元，帮助该村修建进村道路，该企业负责人表示，在下一步帮扶工作中，将重点从产业结构调整、种养殖方面加大帮扶力度。七是沧州市河北建新集团帮扶牛棚镇新华村，建新集团出资 5 万元，解决人畜饮水困难问题，帮助发展农业生产。八是衡水市河北养元智汇饮品公司帮扶迤那镇乡民村，捐款 5 万元，帮助乡民村改善办公条件。九是邢台市河北旭阳化工有限公司帮扶黑石头镇陆坪村，提供帮扶资金 5 万元，用于发展种养殖业。十是邯郸市河北晨光生物科技集团帮扶迤那镇五星村，首期支付帮扶资金 5 万元，帮助发展烤烟、中药材种植。

2013 年 12 月 20 日，河北省唐山市东方房地产集团公司到威宁县观风海镇塘房村开展"百企帮百村"工作。东方房地产集团公司董事长助理魏泽锋一行，向观风海镇塘房村塘房小学捐赠乒乓球台等体育器材 12 类价值 3 万余元。魏泽锋先生与威宁县委统战部领导、观风海镇主要负责人座谈，对下一步结对帮扶工作交换了意见和建议。

江苏省帮扶威宁县 10 个村。2012 年 9 月 11 日，江苏省委统战部经济处副处长吴卫东率企业家到威宁县迤那镇开展"百企帮百村"工作，调研组深入迤那镇文昌村、水塘村、双营村、合心村、樱桃村、茨营村、青山村、新田村、大山村、莲花村就"百企帮百村"工作进行考察调研。调研组表示，根据调研情况将联系企业进行对口帮扶。

到 2014 年末，江苏省委统战部协调帮扶资金 65 万元，其中南京市委统战部组织南京市雨润集团、苏宁电器集团到迤那镇开展帮扶工作，出资 60 万元帮助青山村青山小学、合心村合心小学修建教师周转房；江苏省无锡市光彩事业促进会捐资 5 万元帮助迤那镇水塘村解决人畜饮水困难问题。其余文昌村、双营村、樱桃村、茨营村、新田村、大山村、莲花村的前期调研工作已结束，帮扶工作在进一步对接中。

浙江省帮扶大方县 10 个村、赫章县 2 个村。2012 年 3 月 26~28 日，浙江省政协副主席、浙江省委统战部部长汤黎路率领民营企业家到毕节考察并开展帮扶活动。在大方县"一村一企"结对帮扶活动启动仪式上，浙江省的 12 位企业家与大方县 12 个村签订了结对帮扶协议。在赫章县举行的"同心·乡村教师安居工程"项目签字仪式上，浙江省委统战部向赫章县捐赠 100 万元援建赫章县两栋教师轮用周转房，2 家企业与赫章县 2 个村签订了"一会一企"结对帮扶协议。截至 2012 年，14 个村的 84 万元帮扶资金已到位12 个村。

北京市帮扶百里杜鹃 10 个村。2012 年 10 月 26 日，北京市工商联副主席郑勇男率北京市委统战部、北京市工商联及企业家到百里杜鹃开展"百企帮百村"考察活动并召开座谈会。座谈会上，毕节试验区相关负责人和企业家分别做了交流发言，并提出了宝贵意见和建议。各乡、管理区就受帮扶村的基本情况做了简要汇报发言。

辽宁省帮扶七星关区 10 个村。2012 年 10 月 30~31 日，辽宁省委统战部副部长、工商联党组书记王立斌率考察组一行 21 人赴七星关区考察调研并召开座谈会。考察组的企业家均表态，经过此次实地考察，加深了对七星关区的了解，回去后将多做宣传，多与企业商讨研究，尽快拿出具有针对性的帮扶方案，力争帮扶合作落到实处，让农民得到真正的实惠，让农村有更大的发展。截至 2014 年末，通过联系对接，辽宁省委统战部"百企帮百村"活动有序开展，共协调资金 202 万元。一是 2014 年 4 月，七星关区统战部负责人率队赴大连市，与当地统战部对接并协调资金 180 万元，帮助大银镇木瓦村进行道路硬化和修建蓄水池工程，切实改善村民居住环境，改善村民生产生活条件。二是 6 月 4 日，辽宁省辽阳市委统战部副部长、工商联党组书记韩锡明率辽阳奥克化学股份有限公司副总经理仲崇纲一行赴七星关区层台镇开展帮扶调研工作。韩锡明强调,层台镇的长远发展,可充分利用好"山"(矿产资源)、"林"(蚕桑、菌类等产业)、"水"(养殖产业)、"农"(传统农业)的优势,结合企业帮扶特点,有针对性地解决农民发展的困难,真正做到帮助农村、农民脱贫致富。考察组一行还为层台镇向阳村251名学生发放10万元助学金(其中小学生112名、初中生73名、高中生25名、大学生40名、研究生1名)。三是9月22日,沈阳市政协副主席、中共沈阳市委统战部部长汪涛等考察组一行赴七星关区朱昌镇开展捐资助学活动。为朱昌镇双堰村60名困难学生发放12万元助学金,并表示将针对该村的实际情况,认真研究帮扶方案,力争在资金支持和项目帮扶上有新突破,在智力帮扶上创造新特色,与毕节人民共创美好未来。四是鞍山市委统战部对七星关区野角乡天星村贫困学生捐助10万元,并进行实地考察,拟定对该村的帮扶措施。

山东省帮扶赫章县10个村。2012年11月21～24日,山东省委统战部副巡视员李法信带领山东昂立集团董事长张建昂,威海环建工程集团有限公司董事长、总经理陈书明,山东晨曦集团党委书记于英奎,山东省委统战部办公室主任科员陈洪强一行到赫章考察,为企业寻求合作商机,推进共赢发展。考察团实地考察了平山乡江南村同心新村建设、中寨村村庄整治、计划生育服务站建设等。随后,考察团先后考察了妈姑镇莲花村、渔塘村的种植业、养殖业情况，随后又到双坪乡瓦店村、儿马冲村农户家中了解农户生产生活、人居环境情况。

上海市帮扶金沙县 10 个村。2013 年 5 月 30~31 日，上海市委统战部副部长、市工商联党组书记赵福禧率上海市统一战线考察团一行 15 人到金沙考察调研。赵福禧一行先后参观考察了金沙县城市规划展览馆、金沙县电子信息园展厅、标准化厂房、贵州瑞利乌蒙生态农业发展有限公司等地。赵福禧表示，回去后将向上海市的企业家们宣传推介金沙的区位、资源和市场优势，搭建金沙招商引资的平台，动员他们到金沙进行考察，谋求项目的合作发展。同时，上海市及各区统战部、工商联将根据金沙县的帮扶需求，在项目和资金方面给予帮助和解决，为推进金沙县早日建成小康社会做出应有的贡献。

第五章　各民主党派中央和全国工商联帮扶

"我家住在同心村，党政干群一条心。门前修起柏油路，农民过得好开心。"这是试验区人民发自内心的真实感受。

行走在试验区的田间地头，经常可以看到"同心"二字：乡间的阶梯石道取名"同心步道"，乡、村卫生院（室）配挂"同心助医工程"匾牌，村口木门上"同心同德、同心同向、同心同行"的文字清晰可见……

"小水窖，同心建，统一战线来支援，人背马驮看不见，山乡处处涌清泉……"淳朴的农民传唱着这样的歌谣，表达他们发自内心的感恩。

1988 年，时任贵州省委书记胡锦涛同志倡导建立了毕节"开发扶贫、生态建设"试验区，由此展开了中国共产党领导下的多党合作在毕节的新实践。

2012 年 7 月，胡锦涛同志在统一战线参与贵州毕节试验区建设工作报告上做出重要批示，要求奋力推进"同心"实践，努力建设好毕节试验区。

30多年来，各民主党派中央、全国工商联同毕节试验区人民一起，共同肩负起"近期作示范、长远探路子"的重要使命，紧紧围绕"三大主题"，数十年如一日地携手扶持、全力帮助一个地区，倾注感情之深，持续时间之长，帮扶范围之广，参与专家之多，前所未有。统一战线实践并深化了"同心"工程，创造了多党合作推进科学发展的"毕节经验"。毕节试验区30多年的实践，不仅开创了一条贫困地区科学发展的探索之路，也成为发挥多党合作优势，积极参与、努力推动贫困地区发展的成功范例。

2014年5月15日，中共中央总书记习近平对毕节试验区做出重要批示，肯定了毕节试验区26年来取得的丰硕成果，并寄予殷切期望，为毕节试验区奔向同步小康注入最强劲的精神动力。

如今的黔西北大地，风力发电的"大风车"在乌蒙山巅缓缓转动，吞风吐电。韭菜坪、百草坪、西凉山、马摆大山这些离天最近、狂风劲舞的山峰，成了试验区稳增长、调结构、促转型新能源开发的主战场。

湛蓝的乌江水，如同一条长龙盘踞在黔西北。洪家渡、引子渡、索风营等梯级电站高峡出平湖，与金沙、纳雍、黔西、大方等地的火电站一道，源源不断地"西电东送"，将电力输送至广州、深圳等地，将资源变成资本。全省投资最大、覆盖面最广的夹岩水利枢纽工程施工如火如荼，黔西北喀斯特地区的工程性缺水即将得到解决。

黔西北的绿水青山间，一座座新型城镇拔地而起，处处村庄美丽如画，工业化、城镇化、现代农业、新农村建设同步快速推进，一项项民生事业蓬勃发展。把住绿色门槛、守住生态红线，绝不以牺牲生态环境为代价去换取一时的经济增长，要用生态环境营造发展优势、让绿水青山带来金山银山。习近平总书记的这一理念，在毕节试验区得到了有力的贯彻。

正如《毕节试验区四季歌》唱道："春季里来气象新，新气象里想亲人；三大主题来引领，他和我们心贴心……试验区来往前奔，同德同向又同行；洞天花海美如画，科学发展万年春。"

多党合作的"毕节试验"，其内涵是"同心"。各民主党派和无党派人士与执政党在思想上同心同德、目标上同心同向、行动上同心同行。而以"同心"思想为核心，毕节试验区实施了"同心·助推发展""同心·智力支持""同心·改善民生""同心·生态建设""同心·示范带动"五大工程，这些实践又进一步丰富了"同心"思想。各民主党派、工商联参与毕节试验区建设，以发挥各自优势为特点，以智力支持为重点，以改善民生为出发点和落脚点，以五大"同心"工程为载体，实现了由定点扶贫向定点扶贫与定向扶贫并重转变、由建言献策向出主意与办实事并重转变、由各自行动向体现自身优势与形成整体效应并重转变。

统一战线参与毕节建设硕果累累。截至 2014 年底，共完成"同心"工程项目 1242 个，完成投资 648.12 亿元；培训各类人才 253108 人次，资助贫困学生 4825 名；协调企业签约项目 351 个，签约金额 4122 亿元。为毕节试验区科学发展、提速赶超注入了强劲动力。

"五大同心工程"的深入实施，让毕节试验区的经济社会发生了翻天覆地的变化，实现了人民生活从普遍贫困到基本小康、生态环境从不断恶化到明显改善的跨越。

30 年的成功实践，让乌蒙深处发生了历史巨变，更让人们对中国共产党领导的多党合作政治协商制度充满了信心。多党合作的"毕节试验"，在物质、技术层面和组织制度、思想文化层面，极大地丰富和拓展了当代中国特色社会主义的政治内涵。

一　情系乌蒙爱洒纳雍

——中国国民党革命委员会帮扶纳雍县纪实

昔日毕节有民谣称"纳（纳雍）、威（威宁）、赫（赫章），去不得"，让许多不明就里的人对位于毕节西部的纳雍、威宁、赫章望而却步。地处乌蒙山腹地的纳雍县山高谷深，气候恶劣。由于耕地严重短缺、人口急剧膨胀，森林覆盖率大幅下降和植被的严重破坏，当地生态环境日益恶化，严重阻碍了经济的发展。有资料显示：1988 年，纳雍全县工农业总产值仅为 15695 万元，农民人均纯收入仅 181 元，人均粮食仅 154 公斤。

1991 年底，民革中央、民革贵州省委充分发挥自身优势，不断整合组织资源，多方汇聚社会力量，对纳雍展开了全方位的倾力帮扶，"纳雍不脱贫，民革不脱钩，脱了贫也不断线"成为民革全党的庄严承诺。

1992 年 4 月，在中央统战部的号召下，民革中央首次组织国家农、林、牧、化工、地矿、医药等方面的专家考察纳雍，纳雍支边扶贫拉开了序幕。

一诺千金。20 多年来，民革中央用实践不断兑现着承诺。纳雍，也在民革中央的帮扶下，翻开了崭新的一页。"同心实践"在纳雍开出"同心之花"。

（一）问诊把脉

1992 年 4 月，民革中央组织农、林、牧、化工、地矿、医药等方面的 11 位专家不远千里来到纳雍，对纳雍进行了为期 8 天的扶贫考察，民革中央在纳雍支边扶贫的序幕由此拉开。

根据"因地制宜、扬长避短、抓住重点、注重实效、量力而行、持之以恒"的扶贫方针，民革中央为纳雍提出了"加强基础设施建设，抓好公路、电力、通讯，启动农、工、商；利用资源优势，以开发煤炭为龙头，带动其他产业发展；加强智力开发，抓好教育工作，提高劳动者素质"的发展思路。促成和帮扶纳雍县落实了交通、能源、农牧、医药、卫生、文化、教育、矿产等项目的开发和建设。

要致富，先修路。纳雍公路建设的滞后，严重制约了经济的发展。1992年，纳雍至水城的纳水公路因路面狭窄、坑洼不平，常造成交通堵塞，严重影响了纳雍的物资外运。经民革中央的努力，交通部先后安排投资1900万元，将纳水路改造成为三级柏油路，结束了纳雍没有柏油路的历史。

一通百通，在省交通厅的大力支持下，到2004年底，纳雍已有11个公路出口，全县通车里程2000多公里，比1991年增长了10多倍，为经济的进一步发展打下了重要的基础。贯穿纳雍全境的厦蓉、杭瑞高速开通后，纳雍到织金只需30分钟，到贵阳只要2个小时，织纳铁路也于2016年初建成通车。外部交通条件得到改善的同时，纳雍不断建设内部环境。2015年，纳雍县实现乡乡通油路，95%以上的村通水泥路。

随着交通条件的改善，许多商家也把投资的眼光转移到纳雍这座小山城，房地产、农产品加工、高山生态有机茶、生态蜂蜜等云集至此，纳雍这座小城逐渐被外界人所看重，纳雍社会经济发展的春天，正搭上高速交通这趟列车，慢慢地舒展开来。

治穷先治愚，扶贫先扶智。1992年初，千里迢迢赴纳雍考察的民革中央专家们把大山中教育的窘迫和教师的奉献精神带回了北京，引起了极大震动。

教育扶贫，成为民革中央帮扶纳雍的一个突破口。民革中央组织的专家们调研后发现，当时的纳雍，很多乡镇连一所像样的学校都没有，要在纳雍修建一批希望小学，成为专家们心目中的愿望。

几个月后，愿望变成现实。9月1日，新学期开学的第一天，纳雍县姑开苗族彝族乡陶家寨168名孩子列队走进了由民革中央捐资修建的第一所希望小学。歌声、笑声、朗朗的读书声回荡在宽敞明亮的教室里。

积沙成塔，集腋成裘，地方的民革党员也行动起来。每年的民革中央全会期间，很多民革党员都通过不同的捐赠形式支持纳雍教育发展。民革上海市委、民革广东省委、民革江西省委、民革山东省委分别在纳雍设立沪纳、粤纳、赣纳、鲁纳助学金，帮助贫困优秀学生完成学业；民革中央协调企业家捐资15万元建立纳雍边远山区优秀教师志城奖励基金，从2012年起连续3年实施，每年提供5万元奖励50名山区优秀教师……与民革有密切联系的海内外同胞也行动了起来，旅美华人爱国团体海外兴中会为纳雍筹资20万元捐建龙场兴中希望小学，香港的黄凤薇女士捐助修建了桃园希望小学。

民革帮扶纳雍以来，民革举全党之力，把教育帮扶作为突破口来抓，调动社会及海内外各方面的力量，多年来为纳雍教育发展争取了总投资达1200万元的国家贫困地区义务教育工程试点项目，动员社会力量捐资500多万元新建、改建、扩建15所希望小学，动员民革中央机关捐款8万余元资助贫困学生。

（二）产业扶贫——石头也能造纸

对于乌蒙山区的百姓而言，漫山遍野的石头成了他们心中既怨恨又无奈的障碍，这些顽固不化的石头，不但妨碍了百姓的出行，还阻挡了他们的致富路。然而，民革中央机关在纳雍县挂任副县长的刘顺福却要变石为宝，让它造福百姓。2013 年 9 月，刘顺福到纳雍挂任副县长，面对一个工业基础薄弱、无区位优势的山区贫困县，如何借助自身优势资源打造特色产业，加长工业经济这块"短板"，以特色优势产业激活一方经济、致富一方百姓，成了刘顺福心头时刻在思考的问题。经过大量的调研，刘顺福的足迹遍布乌蒙山水。最终，刘顺福决定引进石头造纸项目，让乌蒙山区顽石能做成纸、变成钱。

石头造纸，并不是天方夜谭，而是目前我国逐步兴起的一个新兴产业。与传统造纸相比，这种石头纸的生产过程不需要水，也不产生废气、废水及其他有害废弃物。这种纸具有可降解、可回收再利用、防水防潮、书写性好、印刷性能好、清晰度高等特点，可替代 60% 左右的木浆、草浆造纸，具有巨大的经济价值和社会意义，是一个环保、节能、高效的项目。

目前，废纸是我国造纸企业的主要原料来源。我国每年进口的废纸已逾上千万吨，再加上国内回收的部分废纸，废纸在原料结构中所占比例高达 52%。除废纸原料外，还有传统的树木、竹木等原料。石头纸的成分主要是石粉（成分为碳酸钙）、添加树脂等，目前我国国内多家企业或研究机构宣称已掌握此项技术。

纳雍有丰富的石灰岩资源，而石灰岩造纸是造纸行业的一项革新技术，该技术是将大量的石灰岩超细微粉和无毒全脂助剂在搅匀后通过吹塑而形成纸张。这种新型纸张可广泛应用于办公打印、房屋装饰、材料包装等生产生活领域。

为了促成该项目落户纳雍，刘顺福多方奔走，多次找投资方磋商，但很多投资方的意向是云南。努力无果，无奈之下他想到了民革中央这条线。考虑到石头造纸项目投资方吉林信德控股集团的董事长是民革党员，他找民革中央领导出面做工作，劝说吉林信德控股集团将项目放在纳雍。纳雍是民革中央对口帮扶县，石头造纸对纳雍意义非同寻常，加上西南三省区暂时没有石头造纸项目，纳雍具有区位优势，即将开通的厦蓉、杭瑞两条高速公路，连接织金、六盘水的铁路经过纳雍，将厂址建在纳雍，产品覆盖西南三省区，是正确的决策。

既然决定在西南投资建一个石头造纸厂，何不投在民革中央对口帮扶的纳雍，充分印证民革中央当初提出的"纳雍不脱贫，民革不脱钩；纳雍脱贫了，民革不断线"的承诺。吉林信德控股集团被刘顺福的诚心打动，经过优选，最终投资6亿元的石头造纸一期工程落地纳雍经济开发区。项目投产后每年可为纳雍提供税收2亿元，解决300人的就业问题。

（三）贫困村核桃寨村的绝地突围

核桃寨村位于纳雍县阳长镇西北部，山高坡陡，沟险谷深，苗族、彝族等少数民族占全村总人口的87%。村里耕地质量差，土地综合生产能力低，生产生活用水缺乏，经济发展滞后，贫困、落后一度成为核桃寨村民摆脱不了的标签。

2001 年前，村里不通公路、不通电、缺水，吃水要到五六里远的阳长大河去背，群众用水如用油，"苞谷饭，老酸汤，几个辣子碗漂转"；90% 的住房是土坯房、茅草房，风一吹就东倒西歪。如今，不仅有通村硬化路、柏油路，还有硬化通组路、连户路，连院坝都硬化了。有电、有水、有经果林、有养殖场、有生态小公园，房子亮了、院坝宽了、路好走了。

核桃寨村的改变始于 2001 年，当年，核桃寨村被确定为民革中央新阶段扶贫开发重点联系村和纳雍县参与式扶贫开发试点村。

2002 年初，为了改善核桃寨的交通条件，纳雍县给核桃寨拨款 5 万元用于修整村里的道路，但是村民对这件惠及自身利益的事情并不关心。他们对要求村民出工出力的修路工程根本不感兴趣，结果，短短的一条村路硬是 5 个月都没修好。同年 8 月，民革中央邀请贵州省农科院现代农业研究所原所长陈寿德、周丕东研究员、袁涓文硕士一行来到核桃寨村，协同纳雍县扶贫办和阳长镇干部、核桃寨村干部、村民代表一起进行参与式扶贫开发规划。在 10 天时间里，8 个参与式扶贫开发规划小组进村入户进行深入细致地调查研究，召开村民会议 60 余次，村民大会 1 次，绘制各类贫困原因分析图 120 张，梳理出各种农村基础信息 1000 余条，提出了 18 个扶贫项目。

8 月 28 日，是核桃寨村民永远难以忘记的一天。在这一天，村民第一次以最原始的方式对自己的生存和发展进行理性的抉择。由于村民大多数都不识字，专家们就把项目以画图的方式挂在墙上，让村民用玉米粒进行投票选择，决定当前亟须解决的项目。

参与式扶贫充分尊重村民的民主权利，村民意愿得到体现，激发了广大村民的参与意识，增强了村民的致富愿望。通过参与式扶贫开发，理性取代了盲从，激情取代了懒惰，自强取代了自轻自贱。村里的扶贫规划经过全体村民大会通过以后，村里的公路不到一个月就修好了。

2002 年，民革中央出资 1.5 万元，在核桃寨村修建了 13 口示范性"同心·水窖"。纳雍县扶贫办配套投资 30 多万元，建设 420 多口水窖，结束了核桃寨村干旱季节背水吃的历史。核桃寨村经济社会发展翻开了新的一页。

为一个村子制定单独的发展规划，让村民自主选择实施脱贫项目，让村民自己在项目实施中监督管理，这就是参与式扶贫的最直接表述。民革中央的做法在全国扶贫工作中是一个创新，极大地提高了扶贫的效果。

此后，民革中央组织的专家不辞辛劳，常年深入核桃寨村走村串户，对蔬菜种植、禽畜养殖、经果林种植技术等进行现场培训指导；多次牵线搭桥，组织核桃寨村村干部和村民代表赴北京、山东等地参观学习，开阔视野、增长知识；出资聘请大北农集团技术人员长驻核桃寨村，为种养殖户提供技术服务。

2004 年，民革中央投入 5 万元会同纳雍县扶贫办配套资金建立 10 万元核桃寨"同心·扶贫基金"，对村民发展种养殖业和外出务工等提供小额信贷支持，解决村民缺资金、贷款难等问题。

2006 年，民革中央按照有关工作要求，将核桃寨村建成社会主义文明新窗口。民革中央和阳长镇政府提出"村校一体化"的工作思路，博爱小学校长与核桃寨村支部书记交叉任职，共同开展科技和文化培训活动，利用学校和村寨教育资源，培养和提高村民素质。

2008 年，民革金华市委会决定每年出资 2 万元，建立核桃寨"同心·助学资金"，向核桃寨村在读高中学生每人每年资助 800 元。民革中央帮助核桃寨村争取到 800 万元土地整理项目，用于农田水利、生态环境建设，加强基础设施建设。同时，在科技部的项目支持下，民革中央会同民革贵州省委会、阳长镇党委政府在核桃寨村启动实施核桃寨村"畜沼果蔬现代农业产业链试验示范项目"，以优质经果林建设带动、发展循环经济，打造生态农业产业。

2008 年以来，民革贵州省委深入实地集中调研，向民革中央提出在纳雍县挂牌建立"民革科技生态示范林基地"的建议报告，引起民革中央重视。当年 9 月，民革中央、民革贵州省委在纳雍县阳长镇核桃寨村建立农业科技生态林基地，计划种植优质香桃、油桃 100 亩，选育适合当地的优良品种 1~2 个，扶持和培训果农 60 户。2010 年，该基地已实现了规模连片种植，栽种经果桃林 120 多亩，涉及 4 个村民组，惠及 400 多个农户。

2009 年，民革中央，民革贵州省委会，纳雍县委、县政府和纳雍县扶贫办支持阳长镇成立核桃寨村综合开发试验小区，对各种扶贫工作办法、经验先行先试。当地将核桃寨村规划为畜禽养殖小区、蔬菜种植小区、经果林种植小区等，通过沼气池建设，整合畜牧业、经果林、特色蔬菜种植，促进全村种养殖业发展。整合扶贫、危改、生态家园建设、新农村建设、"一事一议"财政奖补项目资金等，扶持了一批科技示范户，也推动了村经济社会进一步发展。

2010 年，民革中央选派干部到阳长镇挂职，主抓核桃寨村扶贫开发工作，牵头建设"同心·生态小公园" 1 个、食用菌温室大棚 1 个，种植核桃良种 100 亩，在经果林、马铃薯、杂交玉米地推广利用腐殖酸生物促进菌剂增收 1000 亩，启动核桃寨生态农业产业示范园建设。同年，民革贵州省委协调资金 1000 万元，帮助核桃寨村完善村组公路。

2011 年，时任全国政协副主席、民革中央常务副主席厉无畏率民革中央"同心·博爱行"考察组到核桃寨村考察调研，民革辽宁省委会向核桃寨村捐赠 10 万元、民革山东省委会向核桃寨村捐赠 15 万元、信德集团向核桃寨村捐赠 30 万元、江西赣基集团向核桃寨村捐赠 10 万元，共同启动"赣—纳博爱助学行动"。

2012 年，在民革中央、民革贵州省委会、贵州省发改委、省公路运输管理局等部门的大力支持下，核桃寨村 6.8

公里通村硬化路、油路圆满完工，20 口"同心·水窖"投入使用，670 万元片区综合治理项目获国家发改委批准并正式实施。

2013 年，民革中央协同纳雍县委、县政府，阳长镇党委、镇政府支持核桃寨村创办"星月灯具厂"，10 多个村民就近就业，年创收有望达 50 万元。

到 2014 年底，经过帮扶，核桃寨村先后建成温室大棚 4 个、200 亩连片常年蔬菜基地 1 个，发展蔬菜种植户 20 户，发展蛋鸡养殖场 3 个，蛋鸡存栏达 30000 羽，建成养牛场 1 个、养羊场 2 个、养猪场 2 个、养鸽场 2 个，成立了"养牛专业协会"、"黑山羊养殖专业合作社"和"蛋鸡养殖专业合作社"，新增和改造优质桃林 120 亩、核桃林 200 亩、西瓜 100 亩、苎麻 100 亩、示范种植杂交玉米 100 亩，有"同心·水窖"460 口、"同心·沼气池"388 口，生态农业科技示范成效明显。

核桃寨村小学入学率达 100%，初中入学率达 98%，高中生有上百人，专科、本科生逐年增多，村里还走出了研究生。

"以前村民天黑就睡觉，无事就喝酒，动员他们科学致富似乎是要他们的命，空谈的多，实干的少，成天想的是救济，是低保；现在不用动员，有的想养牛，有的想养鸡，有的想养鸽，有的想种蔬菜，有的想种经果林，'要我做'变成'我要做'。"谈起核桃寨村民的思想变化，村干部这样认为。

民革中央实施的参与式扶贫开发模式已在纳雍广泛推行，全县已有 128 个村制定了参与式扶贫开发规划，广大农户参与扶贫开发的积极性空前高涨，把"要我干"变为"我要干"，致富愿望非常强烈。

在民革全党及社会各界"授渔"式的帮扶下，核桃寨改变了贫困落后的面貌。如今的核桃寨，已成为阳长镇崇山峻岭中一颗耀眼的明珠，是民革中央对纳雍进行产业扶贫的一个缩影。

试验区成立 30 多年来，民革情系乌蒙，爱洒纳雍。民革中央争取资金 400 余万元帮助纳雍改善卫生条件，牵线北京发景绿色环保工程有限公司投资约 60 亿元建设纳雍县人民医院。在此基础上，还帮助纳雍争取中国红十字会拨款 10 万元、省改水办拨款 300 多万元建立改水点 126 个，受益群众达 11.31 万人。2010 年，民革贵州省委协调资金 1000 万元，帮助核桃寨村完善村组公路；协调资金 100 万元，在阳长镇修建农村客运站；协调资金 300 万元，在纳雍修建电煤货运场。2012 年，民革贵州省委积极向国家申请"路沟池集雨科学示范工程"项目，争取到国家资金 670 万元，在核桃寨村建立"路沟池集雨蓄水"示范基地。2013 年 10 月，民革省委又协调项目资金 320 万元，为纳雍县新房乡引进了"农村道路硬化与雨水收集"综合项目，对当地抗旱保水、生态恢复以及改变当地农业产业结构、提高农民收入发挥了示范带动作用，深受百姓欢迎。

在乌蒙山波澜壮阔的扶贫攻坚战斗中，民革从参政党的地位出发，与共产党肝胆相照，做贫困地区人民的贴心人，用一片赤诚铺就了锲而不舍的扶贫之路，为纳雍新阶段扶贫开发工作铺平了道路。

二　同心同盟，倾情乌蒙

——中国民主同盟帮扶七星关区纪实

七座山峰如同天上北斗，耸立在毕节试验区的核心地带，蜀汉时期，武侯孔明南征时来到这里，将这里定名为七星关。2011年，毕节地区撤地建市，七星关这个古老的地名取代原本的县级毕节市，成为如今毕节市中心城区的名称。

七星关区地处乌蒙山腹地，属典型的喀斯特地貌，农业人口占80%以上。

七星关区在北京有一个联系紧密、情真意切的"远亲"——民盟中央。

1989年，时任全国政协副主席、民盟中央主席的钱伟长，作为首任中央智力支边支援毕节试验区专家顾问组组长，率领由各民主党派中央选派的专家教授，踏上了毕节这块贫穷而又充满希望的土地。

自毕节试验区建立以来，民盟中央秉承"发挥优势、突出重点、注重实效、持之以恒"的宗旨，充分发挥在教育、文化、医疗、农业等领域的人才、智力优势，通过一系列卓有成效的帮扶工作，为毕节市尤其是七星关区在教育扶贫、科技兴农、改善医疗条件、新农村建设等方面积极建言献策，带来切实的帮助。

"出主意，想办法，做好事，做实事"是民盟中央原主席、著名的社会学家费孝通先生当年对民盟工作提出的总体要求。这是民盟履行民主党派职能的灵魂，也是民盟帮扶毕节的真实写照。

遵循这样的宗旨，在黔西北的高寒山区，一代代民盟人在开展智力支边、倾情扶贫毕节这片土地时，都致力于把好事做实，把实事做好。民盟中央这样总结：我们的行动，要为当地播撒希望的种子，不求大而全，不搞形式主义，不搞花架子，针对地方实际，因时、因地制宜，务求实效。

（一）照亮毕节娃娃的烛光

2011 年盛夏，乌蒙山上阳光明媚，民盟中央援建的"光汇烛光学校"揭牌仪式在七星关区鸭池镇举行。

整洁明亮的教室里，孩子们朗朗的读书声显得稚嫩却富有生气，设施齐全的教学设施为他们提供了求学成才的条件。

在此之前，这所位于鸭池镇庙脚村的学校破败不堪，学生们在设施简陋、场地狭窄的校舍里学习，硬件设施、教学质量长期严重滞后。了解到这一情况后，民盟中央协调深圳光汇石油集团出资 50 万元，帮助启动了校舍重建工作。

2011 年 9 月，新学校竣工投入使用，作为民盟中央教育扶贫"烛光行动"的一部分，学校被正式命名为"光汇烛光学校"，校舍面积近 1500 平方米，远程教育室、图书阅览室、实验室一应俱全。目前全校共有教职工 14 人，其中本科学历 5 人，有 6 个教学班 294 名学生。

在全校师生期盼的目光里，时任民盟中央主席张宝文为学校揭开红绸，"光汇烛光学校"正式启用。

鸭池镇"光汇烛光学校"只是民盟倾情帮扶七星关的一个缩影。民盟中央用一盏盏明亮的烛光，照亮了大山深处的毕节孩子寻梦未来的希望。

自 1989 年民盟中央联系毕节试验区开展工作起，民盟中央蒋树声、费孝通、钱伟长、张梅颖、厉以宁、李重庵、张宝文等领导，对七星关区的基础教育工作格外重视，并率先垂范，组织民盟中央及省、市、区民盟基层组织，以对口联系的七星关区为试点，进行了持久性的、大规模的、富有针对性的各种形式的教育帮扶和教育培训。

1994 年 9 月，民盟中央投资 6 万元，帮助毕节市水箐镇修建了水箐希望小学。同年，又拨款为何官屯镇修建了哈喇寨村建德希望小学。1996 年，拨款 4 万元给建德希望小学完成全部附属工程，拨款 2 万元帮助梁教小学改善办学条件，筹资 13 万元新建了何官屯小学和马鞍村小学的 11 个教室。

2004 年，试验区专家顾问组组长、民盟中央名誉副主席厉以宁将自己获得的"日本富岗文化奖"奖金 300 万日元全部捐献给毕节市修建了宗琳希望小学，厉以宁还与夫人为该希望小学捐赠了一台电脑和打印机；2006 年 4 月，厉以宁还募集 120 万元资金，在毕节捐建了 4 所小学。同年，经民盟中央牵头，北大光华学院 MBA 班毕业生捐款 25 万元为杨家湾镇修建希望小学一所。

2006 年，经民盟中央协调，民盟上海市委引资 25 万元修建了梨树镇二堡小学。2007 年，为改善梨树镇上小河村小学的办学条件，民盟中央捐赠 200 套课桌椅及教师办公用品。2007 年，在民盟中央的协调下，香港新世界集团向毕节一中、毕节民族中学和上小河村共捐赠了总价值达 180 万元的多媒体教学设备。

教育是民盟的优势，教育扶贫是民盟各级组织在毕节共同打造的一个响当当的品牌。民盟中央认为，开发智力、培训人才、把经济发展转移到依靠科技进步和提高劳动者素质的轨道上来，是促进贫困地区发展的关键，也是一项长期的战略性任务。多年来，由民盟帮助组织的小学教师教学、教材教法培训，中学教师教材教法培训，农村非英语专业英语教师业务培训，中小学校长教育、管理培训，中小学教师德育、教育业务培训，农村农业适用技术培训等，培训人数有十万余人次。

经民盟中央社会服务部牵线搭桥。1990 年 7 月，毕节一中与北京汇文中学结成了姊妹学校。1994 年，民盟中央社会服务部盛奕庆处长率领北京汇文中学 8 名骨干教师为毕节一中培训高中语文、数学、政治、英语教师。

从 1997 年起，毕节一中先后派出 6 批共 24 名教师到汇文中学进行为期一个月的交流学习培训，所有差旅费均由民盟中央承担。如今，这 24 位教师均成为毕节一中的骨干教师或校级领导，为毕节一中 2002 年顺利通过贵州省教育厅组织的省级示范高中验收奠定了基础。随后，两校之间的交流与合作不断扩大与深入，并将北京汇文中学的优质教育资源辐射到全毕节地区，共有 48 所高中的 2000 余名骨干教师从中受益，其中毕节一中和六中的近百名骨干教师到北京汇文中学进行了教学培训和交流。在民盟浙江省委的协调下，毕节二中 4 位骨干教师到杭州十四中参加了为期两个月的培训。

1992~1996 年，由民盟中央牵头，民盟贵州省委连续五年派出优秀教师到毕节市何官屯、水箐、海子街、青场和小吉场五个贫困乡镇培训农村中小学教师，主要进行"三新"教材和学科教学培训，共有 1079 名中小学教师接受了培训，同时还在相应乡镇捐资开展"一帮一"的助学活动。

1998 年 10 月，由民盟中央牵线，北京崇文区教委主任赵文浩、副主任赵文柏、北京汇文中学校长李仲秋、崇文区实验中学校长张凯等人到毕节进行支边讲学。

2001 年暑假，由民盟中央牵线，民盟贵州省委组织专家到毕节市开办为期半个月的"农村初中英语教学培训班"，72 名农村初中英语教师参加了培训。

2004 年高考前夕，民盟中央从北京市请到五位知名教学专家赴毕节讲学，为毕节地区近千名高中骨干教师和万余名应届高中毕业生举办了"高考总复习冲刺辅导"。

从 2005 年起，民盟中央连续三年将清华大学教育扶贫办公室制作的名师高考辅导讲座光盘赠予毕节市教育局，教育局复制了 1000 余套在全市的高中播放，这对提高当地高考升学率发挥了积极作用。此外，为支持试验区文教事业发展，民盟中央协调香港汉荣书局，分别为毕节地区、毕节市、赫章县和纳雍县图书馆捐赠价值 15 万元的港版图书。

2006 年 7 月，民盟中央组织 6 名教育专家分别对毕节职中、进校、八中抽出的 198 名教师进行卫星接收技术与网络管理、初中英语教材、小学音乐教学等培训，还先后为毕节市部分学校捐赠了一万多册图书、两套电教设备、200 套课桌凳及教师办公桌等设备。同年暑期，民盟贵州省委组织 8 名贵州大学、贵州师范大学等学校的优秀教师对毕节市 210 名乡镇骨干教师开展了英语、电脑、音乐学科的培训，有力地加快了毕节市教学研究和教育改革的步伐，促进了教学质量的提高。

2007 年，民盟在毕节试验区的中小学师资培训工作正式纳入了"民盟农村教育烛光行动"，走上了长期化、制度化的轨道。

（二）科技之光助推山区农业发展

30 年前，民盟的专家和工作人员来到毕节时，看到的是一个落后的农业山区，农业还是传统的一家一户的传统种植模式，于是，科技兴农成为民盟在这里工作的重点之一。

从 1989 年开始，民盟先后在七星关区何官屯镇、水箐镇建立了"农业综合开发试验示范基地"，有效地在试验示范基地开展了多种农业实用技术示范和智力支边扶贫工作。

当年，年近70岁的中国农科院副研究员聂伟教授与民盟中央社会服务部盛奕庆同志来到何官屯镇，看到这里土地贫瘠，环境恶劣，农民种植的玉米品种不仅单一、老化，而且产量很低（平均亩产量只有164公斤），许多村民连温饱都无法解决。为了改变这一状况，聂老从北京带来了高产的玉米、大豆等优良品种，深入田间地头为老百姓做种植示范，推动了当地的产业结构调整步伐。

1991年，民盟中央工作组在何官屯镇指导村民改顺坡耕种为横坡耕种，种植了200亩的玉米示范地，平均亩产326公斤，比顺坡种植的平均亩产高52.3公斤，增产19.1%。

1997年，民盟中央为何官屯镇争取到横坡坡改梯示范工程；为七星关区撒拉溪镇和杨家湾镇"旱作农业试验示范工程项目"向农业部争取到资金200万元；2004年，民盟中央投资5000元为七星关区青场镇新沟村引种果树1000株，并对农户进行种植技术培训；2005年，民盟中央投入5000元支持七星关区梨树镇上小河村部分农民发展蔬菜基地，还组织有关专家进行技术指导，向当地农民推广番茄、白菜、洋葱等10余个品种的蔬菜种植。2008年，民盟中央协调资金20万元，在毕节市海子街镇大湾村新建中草药种植基地。

为了消除位于毕节城区上游倒天河水库的安全隐患和灾害，当地加高加固了水库大坝，以确保水库能更好地发挥防洪、灌溉、供水的功能。2003 年，民盟中央专门派人赴武汉"长江水利委员会"帮助倒天河水库工程立项做沟通、协调工作，最终使倒天河水库工程顺利通过专家评审，使总投资为 3350.65 万元的倒天河水库大坝加高加固工程得以立项实施。这是民盟中央情系毕节市民的一项功德无量的利民工程。倒天河水库大坝加高加固工程有效提高了毕节城区的供水、防洪、灌溉能力，库区的蓄水量将增加到 1880 万立方米，为原来容量的 3 倍，可以保证毕节城区在扩质增容的情况下 10 年左右的生活用水供应，同时也大大增强了倒天河上游的生态协调发展功能。

30 多年来，民盟中央多次对七星关区的农村科技人员和农民群众进行技术培训。2006 年，民盟中央、民盟贵州省委在七星关区梨树镇举办了 8 期农村科技人才培训班，培训了 600 余人次。为改变七星关区农村的生活习惯，减少能源消耗，增加农民收入，民盟中央协调省农业厅组织七星关区有关人员外出学习，优先安排七星关区农业局实施沼气池1500 口的建设指标，每口补助农户资金 1000 元，指标计划资金 150 万元。

（三）青场：山清水秀民更富

位于毕节西部的青场镇，地处云贵交界地，地理位置偏远，蜿蜒的红岩河贯穿全镇而过，河两岸是宽阔肥沃的山间坝子。这里冬无严寒，雨水充沛，有着典型的小区域温室效应气候，适宜栽种蔬菜。

守着这样的良田沃土，怎么发展？怎样帮助农民脱贫致富？这是青场人期待着答案的问题，也是民盟中央在思考的问题。

1996年，青场镇党委、镇政府请求民盟就如何开拓财源、帮助农民脱贫致富的问题出主意、想办法。民盟中央发挥智力密集优势，委托民盟贵州省委组织农业专家到青场镇实地考察后，认为青场镇具有得天独厚的自然条件。鉴于青场镇典型的"火盆效应"的气候特征和地处云贵川三省交界的市场优势，民盟专家提出了在该镇发展早熟蔬菜，建立早熟商品蔬菜基地的建议。

经过进一步的论证，在民盟中央社会服务部的大力支持下，民盟贵州省委在青场镇开展早熟商品蔬菜栽培的试验示范工作，为建立早熟商品蔬菜基地打下了坚实的基础。经过多年的发展，青场镇已建成上千亩一年三季早熟蔬菜示范基地，农民朋友靠种植蔬菜富了起来。

在早熟蔬菜示范基地旁，有一块青场镇政府立的碑，介绍了民盟中央帮扶基地的情况。建成的这1000亩一年三季早熟蔬菜示范基地，每亩蔬菜年产值在2500元左右，是传统种植玉米、小麦产值的2~3倍，使农民的人均纯收入从1996年的960元增加到2014年的6382元，蔬菜远销到贵阳、水城，四川泸州，云南镇雄等地。

蔬菜还仅仅是这块基地收获的一个成果。原来从青场至鲍家6个村的坝地是沙冲地，农民广种薄收，土地效益低下。在民盟中央的带动下和毕节市农办、致公党中央及各级各部门的关心帮助下，当地争取投资 400 余万元，实施了农业综合开发配套工程，新修加固河堤 30 公里，能排灌沟渠 25 公里，水泥石砌压顶田埂 8 万余平方米，土壤改良 5000 亩。而且还在周围的山上实施退耕还林和坡改梯等工程，为基地提供了环境屏障。

（四）铺就爱心路，致富新农村

"同心同德跟党走，同心同向奔小康，同心同行谋发展。"在七星关区梨树镇上小河村同心广场，这幅"同心"标语分外醒目。"同心"工程的实施，使曾经基础设施薄弱、产业结构单一、交通闭塞、贫困落后的小山村发生了根本性转变。

如今，一条平整的水泥公路蜿蜒深入上小河村，这里风光旖旎，成群的莱茵鹅在清清的小河中戏水。在路边的一块石碑上，镌刻着这样几个大字：民盟爱心路。

上小河村居住着白、彝、苗、汉四个民族，其中白族人口占全村人口总数的 80.4%，是一个典型的少数民族聚居村寨。

以前，只有 1 米宽的土路通往村里，一遇到下雨，便泥泞不堪，孩子们上学特别困难。2006 年，民盟中央、民盟贵州省委将该村列为新农村建设的共建村，上小河村充分利用自身自然条件，整合各种资源，完善村庄公共设施，重点打造生态农业示范、民族风情旅游、休闲观光等产业，整村推进走上生产发展、生活富裕、生态良好的发展道路。

民盟中央、民盟贵州省委协调资金240万元，修建了上小河村通村柏油路。在解决了出行问题后，在民盟中央的帮助下，上小河村在传统农业生产模式的基础上，进行粮食、蔬菜和瓜果等大田作物种植，一排排蔬菜大棚、草莓大棚连绵不断，为农家乐及城乡居民提供安全、优质的绿色食品。

培育特色养殖，发展循环经济。2006年3月，民盟中央、民盟贵州省委为上小河村引进莱茵鹅种鹅1996只，并配置孵化器，建立了孵化育雏室。经过多年对养殖户的培训，村民们已普遍掌握了饲养技术，而且已有500多只产蛋种鹅，具备了扩大发展的条件。

2008年，民盟贵州省委在该村重点扶持养殖大户并建设种鹅场。为了在品种上和技术上保证上小河村莱茵鹅的长期发展，民盟贵州省委从黑龙江购买了200只莱茵鹅种蛋，对原来的种鹅进行更进一步改良，并资助学费帮助养殖户到省牧校学习家畜养殖技术。

近年来，上小河村的莱茵鹅养殖规模不断扩大，有莱茵鹅4000余只。莱茵鹅养殖也已成为帮助农民增收的一项重要产业支柱。

此外，民盟中央还协调资金100万元为农户进行同心家园改造，捐资10万元为遭受雪凝灾害的农户重建房屋；累计协调或捐赠资金100余万元帮助修建卫生室；发展经果林200亩，营造粮、菜、果合理搭配的农业景观，建设以白族寨门、风雨亭、风雨桥、文化墙、广场等为点的"一心、多点"格局，将上小河村打造成为民族风情旅游和休闲观光旅游景点。原属省级二类贫困村的上小河村"摇身一变"，被列为毕节市乡村旅游示范村，变化如此之大，村民们都说要归功于"同心"工程这项惠民利民的好工程。

（五）为毕节百姓送来健康"金钥匙"

利用民盟专家优势，为七星关区的医疗改善献计出力，是民盟中央关注民生、切实帮扶的又一重要领域。

朱昌镇79岁的罗义昌老人因患风湿关节病在接受住院治疗，由于参加了新型合作医疗，老人治疗的费用95%已经可以报销，自己只需要缴纳不到50元的费用。他十分激动地向民盟中央的同志表达了感激之情："党的政策好，民盟对我们毕节老百姓真心关照，我才能够有条件接受这么好的治疗。"

没有"新农合"之前，毕节的农村百姓"有病无钱医"的情况比比皆是，小病拖成大病，大病拖成不治之症，一是苦于没有钱缴纳昂贵的治疗费用，二是基层医疗卫生条件差，山高路远求医不便。

建于1967年的青场镇卫生院，是一栋一楼一底不足700平方米的砖木结构院房，破烂不堪，屋面渗水，墙壁脱落。而且，作为一个乡镇卫生院连起码的医疗设备都没有，一般的外科和妇科手术，由于缺乏设备根本无法做。医疗业务人员严重缺乏，留守医院的6名人员中，连1名西医师都没有。由于缺乏资金，卫生院只有价值4000多元的药品，而且还是赊购的。民盟中央和民盟贵州省委在得知这一情况后，协调经费 35 万元，帮助青场卫生院修建 500 平方米的业务用房，为卫生院配备 X 光机、B 超、外科手术器械等设备，协调安排或组织业务技术人员培训，同时还将该院列为首批新型农村合作医疗定点机构。通过以上措施，解决了当地群众看病远、看病难和看不起病的问题，也提高了群众的卫生意识。

2011 年，北京倍肯集团总裁姚世平将象征着整体项目完成的"金钥匙"交给了毕节方面。民盟中央协调北京倍肯集团捐资 416 万元在 19 个乡镇中心卫生院建立起了基层数字化整体化验室，通过配备简单的整体化验设施，化解了以前基层卫生院不具备化验能力，从而制约治疗水平的困境。

2013 年，民盟中央委员、北京康益德医院院长董瑞也来到毕节为毕节市中医院举行了一次中医基础理论讲座，并再次为朱昌镇卫生院捐赠了 15 万元资金、价值 40 万元的信息化软件设备和价值 110 万元的药品。经过了不断"武装"的朱昌镇卫生院，如今已经成为远近闻名的中心卫生院，除了为本镇的 4 万多名基层百姓服务外，还担负起了周围 20 万人的就医重任。近年来，北京康益德医院通过捐赠设备、提供资金和组织基层医生进京培训等方式，为提高毕节基层卫生院的中医诊治水平贡献了力量。

民盟各级组织通过培训基层医务人员、援建乡镇卫生院、开展义诊等帮扶行动，为缓解毕节基层群众就医难问题发挥了独特作用。未来，民盟中央将继续推动"同心·明眸工程""同心·健康心动毕节行活动""同心·康宁工程"在毕节的持续开展，为毕节眼病、心脏病、精神疾病的贫困患者提供医疗救助。

同心同盟，倾情乌蒙。民盟帮扶毕节的事，三天三夜也说不完。试验区人民坚信，在民盟的帮扶下，毕节试验区经济社会将在新的一年里快马加鞭，直奔富裕、和谐、美丽。

三　杜鹃花都"花开"正艳

——中国民主建国会帮扶黔西县纪实

"化屋自古好风光，山清水秀车不通。民建帮扶倾情助，领导韬略汇宏图。哈冲引来清泉水，羊岩修成通天途……"这是黔西县化屋村村支书邹庚写的一首打油诗，生动地反映了黔西县化屋村在民建中央帮扶下发生的巨大变化。

（一）昔日的"穷山沟"，如今的"金窝窝"

位于乌江鸭池河畔的黔西县新仁乡化屋村，多年前还是一个典型的"交通靠走，通讯靠吼"的闭塞小渔村。由于自然条件恶劣、生产方式落后、交通闭塞，化屋的农民人均受教育年限仅为2年，人均年收入214元，人均年粮食产量171公斤，全村175户村民住的都是茅草屋，低矮阴暗，祖祖辈辈靠房前屋后的石头缝儿里种点苞谷，勉强维持生存。村民要想走出村子，必须翻过一段被当地人称为"手扒岩"

的悬崖，群众生活十分困难。

穷够了的百姓想脱贫、想致富，可是苦于没有门路。2004 年，民建中央将化屋村定为扶贫帮扶示范点，为化屋村带来了巨大的变化。

2004 年，民建中央将化屋村确定为社会主义新农村建设试点村后，投入帮扶资金近 300 万元，在保留民族特色的基础上，对 175 户村民的民居进行改造，并对近万平方米的连户路和院坝进行硬化铺设；发动民建会员企业捐资 50 万元，在村里援建了小水窖和沼气池；积极联系民建会员企业家和爱德基金会捐资援助，实施了枇杷种植、樱桃种植、生姜种植、滚动养牛、滚动养猪、皇竹草种植示范以及石漠化治理配套产业发展等农牧科技项目……

要想富，先修路。2007 年，民建中央协调交通部、省交通运输厅出资 800 余万元，地方政府配套资金 200 万元，修建了新仁乡至化屋村 14 公里的致富路，这条路也成为黔西县的第一条通村柏油路。

如何从"输血"变成"造血"？民建中央为化屋"把脉"，将发展旅游经济和特色农业作为突破口。

依托化屋村得天独厚的自然景观，民建中央引进资金数百万元，兴建旅游基础设施，培训相关从业人员，帮助村民大力发展乡村旅游。

2009 年，化屋村新建了寨门、观景台、文化墙、村综合办公楼和 3 万平方米的大型苗族花坡场，改/扩建了化屋码头和配备了三艘大型旅游船舶，对旅游公路沿线两旁的植被进行了美化处理，还引资700万元新建了化屋旅游度假宾馆和接待中心，大大提升了化屋旅游的接待能力。

如今，化屋村已成为"乌江源百里画廊"的精品旅游景点，昔日无人问津的"世外桃源"，成为旅游胜地。2008年，化屋村被文化部命名为"中国民间文化艺术之乡"。2010年，被亚太农村社区发展促进会命名为"中国旅游特色村"。2013年，化屋接纳游客2.8万人次，创造旅游业综合收入150万元以上，村民人均纯收入增长至5000多元。

昔日的"穷山沟"变成了远近闻名的"金窝窝"。受帮扶的何止化屋村，化屋巨变只是民建中央帮扶黔西的一个缩影。

自1988年毕节试验区建立以来，民建中央就积极参与试验区建设，30多年来，民建各级组织坚定贯彻"同心"思想，奋力推进"同心"实践。全国人大常委会副委员长、民建中央前主席陈昌智，全国政协前副主席、民建中央前第一副主席张榕明，全国人大常委会前副委员长、民建中央前主席成思危等，先后带领民建会员企业家及有关方面到黔西县视察指导工作，紧紧围绕"助推发展、智力支持、改善民生、生态建设、示范带动"五大"同心"工程，在人力、财力、物力、智力上给予黔西发展源源不断的动力，在黔西县援助项目150多个，捐赠资金物资3531万元，协调带动资金投入3000多万元，落实招商引资资金70多亿元，有力地助推了花都黔西农村基础设施建设、产业结构调整、基础教育等方面提速发展，一个个项目的实施，一处处变化，无不温暖着每一个花都儿女的心。

民建中央明确提出"不脱贫、不脱钩，脱贫不断线"的帮扶口号，先后 4 批派出 12 名优秀干部到黔西县挂职，直接参与黔西县的经济建设和社会发展，抓项目、促引资、跑协调、督落实，为黔西县的经济社会发展献计出力。

2005 年 6 月底，民建会员王福亮捐资 30 万元修通了仁慕村至田坝村村级公路，昔日的羊肠小道变坦途，解决了 11 个自然村民组 3000 多人的行路难问题，这条路被当地群众亲切地称为"民建爱民路"。

2007 年 4 月，在民建中央、民建贵州省委会的大力支持和积极协调下，筹资 800 余万元、县政府配套 200 万元修建的新仁乡仁慕至化屋的 14 公里柏油路正式通车。

针对群众吃水、用水难的问题，民建企业、中华思源工程扶贫基金会、爱德基金会捐资 500 万元，援建 15 个人畜饮水工程、2200 多口小水窖和 1 个水库维修工程，改变了当地群众"吃水贵如油"的历史。

路通了，水甜了，寨子美了，可是，身处高山深谷的当地群众又如何致富呢？

扶贫不应只着眼于救急式的"输血"，更立足于培养农民内在生机。经过几年的实践，民建中央认为，对黔西县的帮扶工作不能只停留在捐点儿钱、修点儿路、建点儿房、解决几件事儿上面，要实现扶贫从整村整乡推进到整县推进的转变，从外援式帮扶到内源式发展的转变，变输血式帮扶为造血式帮扶，必须走产业化扶贫之路。

（二）栽下梧桐树，引得凤凰来

民建中央紧紧抓住国家产业结构调整的机遇，立足黔西实际，发挥民建密切联系经济界的特色和优势，积极实施"东企西移"战略，促成民建会员企业与黔西的发展对接。

在民建中央的帮助下，黔西县"同心产业园"拔地而起。黔西通威饲料有限公司、贵州毕节黔蒜香食品股份有限公司、黔西子木实业有限公司等民建会员企业入驻园区并已经投入生产，可为黔西县解决 5000～10000 个本地人口的就业问题。

在民建中央和民建上海市委的帮助和支持下，黔西子木实业有限公司成功进驻"同心产业园"，投资 1.6 亿元资金，采取"龙头企业+农业合作社+农户"的办法，搞魔芋种植、加工和销售。如今，黔西县的魔芋种植扩大到 23 个乡镇，有 8000 余户参与种植，面积达到 6346 亩，仅魔芋一项就为当地增收 2000 万元。2015 年，魔芋种植面积已达到 10 万亩，魔芋种植成为黔西县农业龙头产业，农民纯收入达 3.32 亿元。

2013 年 9 月，黔西县同心商贸城奠基，这是民建中央践行"同心"思想的又一个生动实践。同心商贸城占地约 2000 亩，总投资近 67 亿元，以一站式综合商贸批发市场、城市综合体、高端住宅区三大核心区为主，集义乌小商品城、建材家具、副食品、中药材、汽摩配件、五金机电、板材型材、汽车 4S 店八大产业于一体。建成后可容纳经营商户约 2 万户，直接安排就业 5 万人以上，由市场效益带动的物流运输、经济加工等间接就业人员达 10 万人。

（三）"造血"帮扶的探索

在协和乡"同心·生态农业园"，放眼望去，大片的黑莓长势喜人，红缨子高粱压弯了腰，一片丰收景象。

2011 年，在民建中央、民建贵州省委的牵头协调和帮助下，协和乡在地庙村、杨柳村、化甲村规划建立了"同心·生态农业园"，与民建会员企业、贵州赖永初酒业有限公司签订了 10000 亩红缨子高粱种植基地合作协议；与民建会员企业、贵州北极熊实业有限公司签订了 5000 亩黑莓和 5000 亩茶叶种植基地合作协议；与民建会员企业、贵州恒霸药业有限公司签订了 1000 亩中药材种植合作协议。据估算，村民每种 1 亩高粱、黑莓或中药材，每亩每年最低分别可增收 1200 元、1000 元和 1300 元。据统计，截至 2014 年底，已发展种植黑莓 300 亩、红缨子高粱 5000 亩、茶叶 1000 亩、桔梗 100 亩，取得了良好的效果。

"同心·生态农业园"入驻后，通过统战部门协调，民建捐资为村里修路、建"同心水窖"，不仅解决了村民吃水难的问题，还保障了农作物的灌溉，周边群众也受益。在民建组织及会员企业的帮扶下，协和乡在"同心·生态农业园"成立了高粱种植合作社，建起了花木基地，将传统的散、小、乱农业逐步建成规模化种植、集约化经营、专业化管理的现代农业，通过"公司+合作社+基地+农户"的合作方式，让农民增收、农业发展、农村和谐的基础逐步夯实。

资金帮扶的"输血"扶贫很实惠、受欢迎，具有雪中送炭的功效，但不是万全之策，难以从根本上改变黔西县和困难群众的贫穷面貌。"治贫必先治愚、扶贫要先扶智"，只有增强"自我智力造血"功能，才能彻底扭转局面。为此，民建中央一直把支持黔西县的教育发展，对干部和农民劳动技能进行培训放在首位。

在民建中央的联系协调下，各级民建组织、会员企业、会员无私援助，大力帮扶，积极投身到黔西各项社会事业的发展中。2004 年，民建天津市委副主委、天津庆达集团董事长孙太利先生捐助 15 万元援建了仁和乡双坝小学，解决了当地孩子入学难的问题；在黔西 10 个乡镇分别援建了 13 所希望小学、1 个教学点和 1 个"爱心家园"教师宿舍，解决了 4400 多名学生上学难的问题，资助 500 多名学生顺利完成了学业。尤其是已故民建会员黄佩球先生一家人更是一代人接着一代人，为黔西的教育事业捐资出力，把爱心不断播洒在黔西的土地上。2013 年，民建中央在黔西实施"千名教师培训项目"，组织 1000 名中小学骨干教师到河北、辽宁等地开展培训。

民建中央及贵州省委以"走出去"和"引进来"的方式，有针对性地开展乡村干部、农村卫生人员、现代农业技能培训。

民建中央出资 10 万元在黔西和湖南长沙培训乡村（社区）干部 138 人，资助 1.5 万元组织新仁乡化屋村 20 名群众赴西江苗寨学习旅游开发管理经验，资助 9 名基层骨干教师到省社会主义学院培训学习 1 周，出资 16 万元在黔西县内开展养殖培训（2300 人）、乡村干部培训（50 人）、魔芋种植培训（530 人）。138 名乡村干部及农民接受了致富技能培训、20 名品学兼优的学生参与暑期夏令营培训。协调民建会员企业通威集团黔西饲料厂，配合完成 10 期 500 人次的养殖技术培训。

积极联系会内有用工需求的企业，推动当地富余劳动力转移就业。联系山东宁阳光彩职业学校、广东韶关职业学校、四川人寿职业学校等省外技能培训学校与黔西县职业中学联合办学，助推职业教育的发展，提高了务工人员的劳动技能，拓宽了其就业渠道。与北京九华旅游职业学校、大连对外商贸学院采取联合办学的形式输出 247 人。中华职教社"同心·温暖工程"职业联合办学项目，完成农业部组织实施的"阳光工程"农村劳动力培训 1100 人。绿化、太来、谷里、钟山等乡镇的 4 名领导参加了民建中央、全国工商联举办的全国工商联乡镇干部培训。近年来，通过统一战线的支持和帮助，共培训黔西各类人才 8000 多人次。

10 余年来，通过实施"同心"工程，民建中央及其会员企业新建或改建学校、捐赠图书、捐资助学，为黔西县教育累计捐资 490 万元。

（四）"荒坝子"向"桃花源"的转变

如今，山清水秀、阡陌交错的乌螺坝，成为城里人羡慕和向往的地方，因为这里不仅可以呼吸新鲜空气、赏景、休闲、旅游、养生，还能让人们领略到科技对农村带来的巨大变化，这里还有"小桥流水布依寨，桃花源里新农村"的美誉。

而这个"桃花园"，以前却只是一片"荒坝子"。自"同心"工程实施以来，乌螺坝坚持生态建设与经济发展并重的工作思路，在荒芜的山坡上种植皮球桃和晚24号桃8.25万株，建成1713亩水果标准种植示范园，形成了"桃花园"，为乌螺坝的可持续发展道路奠定了坚实的基础。

近10年来，通过实施"同心"工程，民建中央在新仁乡仁慕、群益、化屋等村大力发展经果林、特色农业、观光农业等产业；在素朴镇结合退耕还林、荒山荒坡治理工程，引进优良果树品种，在该镇古胜村种植核桃、板栗、金银花，实现了生态建设与经济发展的双重效应。

在素朴镇古胜村，试验区专家顾问组多次组织专家学者举办专题讲座，在素朴镇开展"喀斯特山区循环农业经济应用技术推广"等课题研究，实施早熟甜糯玉米试验试种200余亩，引进山东烟台樱桃示范种植200亩，发展莱茵鹅饲养200只，试验示范种植中药材等。2012年，引资60万元在该村实施生态建设与经济林栽培技术科技示范项目，发展种植花椒500亩、经果林种植220亩，新建蔬菜大棚5个，开展经果林种植技术培训3次200多人，为古胜村农民增收开辟快速致富道路。

通过坚持不懈地努力，民建中央在黔西的帮扶结出了累累硕果。民建各级组织实施"东企西移"战略，推动民建会员企业落户黔西，帮助黔西在多个地区和场合开展项目推介、招商引资活动，为当地经济发展竭力"牵线搭桥"；提供资金支持，帮助农民发展生态种植业和滚动养殖业，并引入龙头企业，建立民建"同心·思源"生态农业示范园工程，以合同订单式发展模式帮助群众稳定增收；以"走出去"和"引进来"的方式，有针对性地开展乡村干部、农村卫生人员、现代农业技能培训，积极联系会内有用工需求的企业，推动当地富余劳动力转移就业。

在民建中央领导的直接关怀和帮助下，成贵快速铁路、黔西到清镇高速公路、毕节飞雄机场、黔西县附廓水库加高工程等重大项目已相继实施，黔西县也被纳入全国小型农田水利建设重点县和国家绿色农业示范区建设单位。

据不完全统计，仅对口帮扶黔西县的 10 年来，民建帮扶资金已有 4000 多万元，协调项目建设资金已有 2 亿 5000 多万元，开展帮扶活动 130 多次，实施扶贫项目 150 多个，招商引资签约资金有 70 多亿元。

东部十省市对口帮扶机制建立以来，民建中央和东部十省市组织在黔西县开展帮扶项目 35 个，开展各种培训 3707 人次，捐赠和协调帮扶资金 1135.63 万元。

化屋村、绿化乡大海子"同心新村"、协和镇"同心·思源生态农业示范园"、乌骡坝"同心新村"等，已成为黔西县全面建成小康社会的排头兵。

多年来，民建高度关注试验区和黔西发展，不仅带来了资金、技术和物资，也带来了新思想、新观念、新作风，激励着试验区各族人民团结奋斗、努力拼搏、加快发展、迈向小康。

黔西，这个以杜鹃花开闻名的西南县城，因为有着民建的携手同行，正从大山中跨步走出。

四　架起希望的彩虹

——中国民主促进会帮扶金沙县纪实

"头枕赤水，脚踏乌江，你是八百年打鼓场。玉水金山，盐茶古道，铃声唤起穿梭的马帮。你是黔北璀璨的明珠，历史在诉说着昨日荣光。

"人间凉泉，天下石仓，西洛湖轻轻荡漾。风生水起，鼓韵悠扬，而今又在铸造新的辉煌。你是魂牵梦绕的家乡，我们时刻把你深情向往。

"玉水金沙，金山金沙，你是黔北璀璨的明珠；玉水金沙，金山金沙，你是我魂牵梦绕的家乡。"

这首《爱在金沙》，以深厚的历史文化底蕴，跨越时空的磅礴气势，诠释了"盐茶古道、丽水金沙"的历史、现实和未来，展现了美丽金沙的骄人风采。

清代的打鼓新场（今金沙县城）是川盐运黔的主要路

线之一，这里商贾云集，成为远近闻名的商业集镇，居"黔北四大商业集镇"之首。

不过，要说金沙的快速发展，那还得从 1988 年说起。从毕节试验区建立的那天起，民进中央就与毕节人民、金沙人民一起，围绕试验区"开发扶贫、生态建设、人口控制"三大主题，奋力推进"同心"实践，从实施教育帮扶到培训技术人才，从助推产业发展到改善教育教学条件，从开展医疗卫生服务到协调政策支持，从加快基础设施建设到生态文明家园建设，有力地推动了金沙县教育、医疗卫生、文化事业和社会经济的快速发展。

民进中央不仅与金沙人民共同谱写了探索科学发展道路、向贫困宣战的雄壮乐曲，也塑造了多党合作推动改革开放和现代化建设的成功范例。

金沙县矿产资源富集，境内有煤、铁、硫、磷、硅等19 种矿藏；旅游资源丰富，冷水河国家级湿地保护区、三丈水省级森林公园、敖氏罗氏墓群石刻等远近闻名；素有"贡茶之乡"的美誉，清池茶在汉代就被列为宫廷贡品，金沙回沙酒是贵州除茅台酒外的第一个大曲酱香型白酒，享誉省内外。但多年来，金沙守着宝山却两手空空。当地人自嘲："只见大山不见树，只有石头没有地"，"七分种、三分收，苞谷洋芋度春秋"。

经过 30 余年的攻坚克难，毕节市金沙县，这块科学发展的试验田最终"换了人间"。

（一）"同心·彩虹行动"架起连心桥

"民进和金沙就像彩虹的两端，在民进组织的大爱和民进会员的无私奉献中紧紧连在一起。"全国政协常委、民进中央副主席卫小春用诗一样的语言，道出了民进中央对毕节市金沙县的深情。

2009 年 9 月，民进中央在金沙县启动了"同心·彩虹行动"。"同心·彩虹行动"是民进中央发挥民进教育资源优势，发动民进全国各级组织及会员参与，以帮助毕节试验区及金沙县加强教师队伍建设、提高教师教育素质为主要内容的一项智力支边工程。

"同心·彩虹行动"启动以来，一道道"彩虹"从祖国的四面八方飞架在金沙的上空，把金沙县同民进中央以及各级民进组织连在一起。

民进中央充分发挥教育优势，举全会之力，以智力帮扶为主要形式，以教育、卫生事业为重点，积极帮扶、支持、推进金沙建设，在民进中央、各级民进组织和会员企业的倾情奉献和大力帮扶下，金沙经济快速发展，社会和谐稳定，城乡日新月异，人民安居乐业。

以"同心·彩虹行动"为依托牵线搭桥。在民进中央的协调下，北京中日友好医院与金沙县中医院签订了对口支持帮扶协议，2 个民进省市级组织与金沙县教育局签订了县直学校、全县幼儿教育对口帮扶协议，北京、上海、山西等18 个民进省市级组织与金沙 18 个乡镇签订了对口帮扶协议，实现了"同心·彩虹行动"的全覆盖。

2010 年，金沙县清池镇大坡小学"同心·民惠楼"建成。"民惠楼"是"同心·彩虹行动"民进福建省委会捐资 25 万元，帮助大坡小学建立起来的两层师生食宿楼。

金沙县沙土镇初级中学，是金沙县第一个拥有标准化塑胶运动场的学校，帮助他们的正是民进江苏省各级组织以及民进爱心企业家们。在民进企业家的帮助下，沙土初级中学成为毕节市实验教学示范学校、贵州省体育传统项目学校、重庆工商学校贵州金沙分校。江苏民进企业还为沙土一小、沙土中心小学、天堂小学、常熟希望学校、民族小学和黄泥小学捐建了计算机室，为观堂小学捐赠了综合楼等。

2011 年，开明投资股份有限公司向金沙县捐资 50 万元建设了 10 个村级卫生室，赛诺菲·安万特旗下太阳石药业通过中华慈善总会向金沙县捐赠了价值 100 万元的药品，中国证监会组织协调相关部门为金沙县共捐赠了 100 台电脑。

至 2011 年，民进中央组织近 800 人次进行考察调研，开展智力帮扶，其中国家领导人 2 人、省部级领导 6 人，教育、卫生等方面的专家 700 多人次；资助现金 509.94 万元，用于抗旱救灾，资助贫困生，支持学校、卫生院（室）基础设施建设；为金沙协调中央投资项目三个，项目资金 2265 万元；捐赠价值 1535.59 万元的物资，包括为卫生部门捐赠螺旋 CT、核磁共振、药品等，为文化部门捐赠流动舞台车等，为学校捐赠远程教学培训设备、电脑、电器、图书等；举办培训班 67 期，共培训人员 6600 多人次，其中在金沙县培训教师、医务工作者 5600 人次，在各省市培训校长、骨干教师 1000 多名；协调开明画院、少年智力开发报社、光明日报社等会内外力量参与"同心·彩虹行动"，举办公益采风和文化捐赠活动，为全县各校免费赠阅《少年智力开发报》《光明日报》等，丰富了当地群众和广大师生的文化生活。

2014 年 9 月，民进会员开明慈善基金会河南民进刘文现教育专项基金向金沙县贫困民进会员教师捐赠 18 万元；开明出版社向金沙县教育局捐赠 22 万码洋的图书；学大教育集团向金沙县捐赠了价值近 100 万元、可供免费使用三年的"e 学大"远程教师培训端口 500 个，还向金沙中学捐赠总价值约 17 万元的 50 台电脑，用于援建金沙县开明电子图书馆；民进上海市委会向金沙县教育局捐赠了 252 万码洋的图书，并捐赠 50 万元援建官田乡青山村幼儿园。

金沙县箐门苗族彝族仡佬族乡，这个位于大山深处的一级贫困乡共有 8 个行政村，由于最贫困、最边远，许多扶贫工作组都不愿前往。就在这个帮扶的"真空"乡，民进中央联络委员会副主任、浙江绍兴驾校校长曹兴强带着工作组一住就是两个月，他们走村串寨体察民情，与师生同吃同住同工作同劳动。短短两个月的时间，工作组走访了 4 个村、7 所学校和 1 个教学点，召开了 10 次座谈会，慰问特困学生家庭，帮助困难群众，看望教师家属。联系民进建德市委向箐门中心完小捐赠资金 7 万元和价值 32500 元的物资，联系民进中央联络委员会向箐门乡捐赠资金 51500 元和价值

33000 元的物资，联系民进绍兴市委向箐门中心完小捐赠折合人民币 41600 元的物资；工作组先后向贫困师生、特困村民发放总价值约 10500 元的慰问金和慰问品，赢得了群众广泛的赞誉。

民进中央以"同心·彩虹行动"作为参与毕节试验区建设的重要平台，以"请进去""走出来"和网络培训的方式为金沙培训教师、医务工作者，支持金沙经济社会各项事业，确保了对口支持工作得以顺利开展。民进各级组织已先后在北京、上海、杭州、深圳、长沙、常熟、厦门、济南、南京、合肥、贵阳等地为金沙培训校长和骨干教师。

民进以"同心·彩虹行动"为平台，贯彻"同心"思想，以同心同行、凝心聚力为主要特征，支持贫困地区建设，实现多重优势叠加，成为新时期多党合作同心同行的典范。

"同心·彩虹行动"启动以来，民进中央共组织 1000 余人次到金沙县考察调研，为金沙县捐助现金 880 余万元，捐赠物资价值 2300 多万元；民进中央前主席严隽琪、前副主席罗富和帮助毕节市金沙县协调 3 个中央投资项目，涉及资金 2300 多万元；促成民进各级省委及发达地区组织与金沙县 26 个乡镇建立了"1+1"结对帮扶机制，资助贫困学生，修建了一批教学楼、图书室、计算机室、多媒体教室、音乐教室等，进一步改善了金沙县农村办学条件；捐赠总价值 2312.22 万元的核磁共振、螺旋 CT 等医疗设备，进一步改善了医疗卫生条件；举办 100 多期培训班，累计培训金沙县教师、医务工作者 11007 人次，提升了金沙县师资和医疗卫生队伍的整体水平。

"彩虹行动"的实施，体现了民进的组织优势、智力优势和界别特色，为各级组织和会员服务社会、参与试验区建设提供了舞台和机会，对民主党派了解国情，服务基层、更好地践行社会主义核心价值体系具有重要推动作用，对提高金沙县农村教师的业务素质、教学水平和农村基础教育教学质量，提升学校管理水平、促进城乡教育均衡发展具有重要意义。

通过"彩虹行动"，民进中央对口支持试验区已经从智力帮扶扩展到支持地方经济发展，从单纯的教育、文化、卫生领域支持发展到对经济社会各领域的支持，从单纯地给钱给物到培育"造血"功能，为试验区可持续发展提供力量支持，不仅拓展了"彩虹行动"的内容，还丰富了统一战线"同心"工程的内涵。

（二）授人以鱼，不如授人以渔

民进积极参与金沙县建设，已经从智力帮扶扩展到支持地方经济发展，从单纯的教育文化卫生领域发展到对经济社会各领域的支持，从开始的"输血式"帮助转变为"造血式"帮扶，进一步拓展了"同心·彩虹行动"的内容，丰富了统一战线"同心"工程的内涵。

民进中央利用联系广泛的优势，积极协助中央有关部门落实对毕节的帮扶措施，通过他们的牵线搭桥和呼吁、协调，促成了金沙一批重大项目得以审批立项和顺利实施。

2006 年 4 月，民进中央选定距金沙县城 5 公里的西洛乡中心村和金槐村作为新农村建设帮扶示范点，与金沙县共建民心有机农业试验示范园区。园区由民心经果林示范园区、民心特色种植园区、民心特种养殖园区等部分组成，是集"试验、示范、培训、休闲观光"于一体的综合有机农业试验示范园。

民进中央为金沙县协调中央投资高标准农田示范项目 1 个，实施科技部部长专项研究课题项目 3 个，涉及资金达 2265 万元；协调国家林业局支持金沙县退耕还林 8000 亩、协调农业部支持金沙县建成沼气池 2500 口、协调水利部支持金沙县建成了金沙胜天水库项目、协调中国林业科学院在金沙实施石漠化综合治理科技示范工作。

民进中央主要领导亲自出面为金沙协调立项，建成了金沙火电厂、黔北电厂、金沙胜天水库、高标准农田示范项目，这些工程都有力地促进了金沙"工业化、城镇化、农业现代化"的建设步伐。

此外，民进中央还投资近 40 亿元建设"同心·国际温泉小镇"；投资 1.5 亿元成立贵州大利担保公司、开明小额贷款公司、富民村镇银行等。

在"同心·彩虹行动"中，民进贵州省委与桂花乡结成了帮扶对子。民进贵州省委会先后协调省发改委投资 75 万元为桂花乡建设柏油路，筹集 5 万元资金和 80 吨水泥修建了 5 公里的连户路。

2011 年，民进会员企业朗月集团公司计划投资 6 亿多元建设的朗月煤机装备制造基地、朗月大厦、朗月 4S 店三大项目在金沙县城关镇幸福村隆重举行开工庆典仪式，项目建成以后，将为金沙县提供 1300 人的就业岗位。"开明·同心大市场"在金沙落地奠基。"开明·同心大市场"集交易、研发、开发、孵化、生活、旅游、休闲、加工于一体，其中包含贵州省最大的矿山机电配件交易市场和金沙县最大的建材、家具市场，是具有百货商厦、商业步行街、物流配送中心、会议中心、展示中心、总部经济、电子商务、安置小区、配套住宅、金融机构、医疗、教育、生活休闲、后勤管理用房等服务设施的大型城市综合体。项目建成后，年成交额将在 40 亿元以上，可直接安排就业 4 万人，成为一个辐射黔北、黔西北、川南等地的大型综合批发市场，对于推动毕节试验区发展商贸物流、增强县域经济活力、打造区域经济中心将产生重大而深远的影响。

2012 年，投资近 40 亿元建设的"同心·国际温泉小镇"和投资 227 万元建设的"增爱·朗月同心广场"奠基。该广场总面积 16.78 亩，其中包括建筑面积 1140 平方米的综合大楼一栋，大楼包括农民培训中心、农产品展示中心、电子图书室、阅览室、多功能厅、办公室、卫生间等，此外还有占地面积 2800 平方米的广场一座和共计约 500 平方米的道路。

（三）建设美丽新农村

位于金沙县岩孔街道东面的永丰村是中央统战部和民进中央帮扶的"同心·新村"，全村 879 户 3647 人。2011 年以来，中央统战部和民进中央投入资金 1250 万元用于建设"同心·新村"，先后完成民居建设与改造 580 户，农村危房改造 210 户；水、电、路等基础设施完善，同心广场、村级综合办公楼、文化长廊等建成并投入使用；实施绿化、美化、亮化工程。此外，贵州瑞利乌蒙生态农业发展有限公司计划投资 3.1 亿元，建设存栏 10 万头的乌蒙黑牛养殖生产加工基地，流转本村及邻村农户土地 2300 亩种植牧草，带动 800 余户农户受益，农户年均增收 3000 多元。

民进中央帮助实施农业产业结构调整，种植有机烟叶 350 余亩、有机高粱 900 亩、金银花 200 亩、经果林 500 余亩、药材 20 余亩；帮助农民打造乡村旅游、建设水上乐园、开发休闲垂钓、开办农家乐，为农民增收致富进一步拓宽渠道。

现在走进永丰村，一幢幢特色鲜明的民居错落有致，一条条平坦整洁的水泥路在农户之间连接，呈现"民居亮丽，环境优美，生活富裕，社会和谐，空气清新"的美丽图画。

"我们这里空气清新，水质好。我们要发展现代服务项目，打造养老、旅游、养殖、种植一条龙服务体系。吸引更多的游客前来度假旅游，发展我们的乡村旅游，促进群众增收。"永丰村人充满希望地说。

　　民进中央将金沙县作为对口帮扶县后，时任民进中央领导严隽琪、罗富和等多次到金沙县指导工作，特别是"4·14"会议以来，民进中央进一步加大了对金沙县的帮扶力度，协调、组织全国部分民进组织对口帮扶全县19个乡镇和街道办事处，在组织民进会员开展捐资助学、智力帮扶、技能培训和争取项目扶持的基础上，还动员民进会员企业家到金沙县进行考察，投资创办企业和经济实体，形成民进中央和民进地方组织全方位帮扶金沙县的合力。

　　在民进中央和国家有关部委的倾力支持下，金沙县先后获得全国科技进步先进县、全国计划生育优质服务先进县、全国农业标准化示范县、全国保护森林和野生动植物资源先进集体、国家级生态示范区、全省创先争优活动先进县等50余项省级以上荣誉称号。

　　2013年，金沙在中国西部百强县的排名从2011年的58位攀升到32位，进入西部50强；在全省同步小康创建活动考核中排名第3位，获全省同步小康创建活动十佳示范县称号。昔日的打鼓新场，今天的金沙，一条条大道宽阔大气，一栋栋高楼鳞次栉比。城市在变宽、长高的同时，功能日益完善，品位日益提高，更加宜居宜业。围绕"建设30万人口山水园林、宜居宜业现代化中等城市"的发展定位，坚持老城区改造、新城区开发、经济开发区发展"三轮驱动"，坚持以产促城、以城带产、产城互动、产城一体，大力实施工业强县和城镇化带动战略，中心城区城市规划从22.38平方公里拓展到118.6平方公里（其中包括32.4平方公里的经济开发区），城市空间和产业布局进一步优化，组团功能进一步完善。城区建成面积从 2010 年的 6.5 平方公里拓展到 2013 年的 15.7 平方公里，拓展了 1 倍多，实现了城市资源空间、发展空间与城市竞争力的同步拓展。

五　爱洒古彝大地

——中国农工民主党帮扶大方县纪实

"同心同行同向前，同心助医民心甜。照光化验不进城，防病治病到家庭。医院温馨人性化，康复休息有花园。病房按了呼叫器，换药打针不麻烦。"这首由大方县老百姓自编的民谣生动地反映了农工党中央帮助大方发展医疗卫生事业获得的赞誉。

早在 1986 年 4 月，农工党就开始了在威宁自治县的帮扶工作。1994 年，农工党中央与大方县建立了定点帮扶关系，并郑重许下"大方不脱贫，农工党不脱钩，脱贫也不断线"的诺言，从此与大方县的人民群众结成了亲密的关系。

定点帮扶大方县以来，农工党中央动员全党各级组织和党员积极支持帮扶工作。农工党中央先后派遣干部到大方县挂职开展帮扶工作，帮助大方县制定了"以发展农村经济为重点，寓生态建设于经济开发之中，努力实现粮食、生态、人口协调发展"的发展思路。

农工党中央开展多个帮扶项目，发展农村经济，促进农民增收；积极帮助争取大方电厂、公路建设、引资开矿等项目；大力开展乡村基层干部和农业实用技术人才、卫生人员培训工作；积极帮助大方县解决群众饮水问题，推动岔河水库建设、争取地下水开发利用试点、引资开展山区小水塘改造等建设项目；大力开展科技扶贫，在农村推广科技项目；积极实施"整村推进"的扶贫战略，在大方县鸡场乡大坝村建立了具有示范性的"社会主义新农村服务点"；推进农村卫生机制改革，为解决农民看病贵、看病难问题探索经验。

（一）没有健康，哪有小康

"没有健康，哪有小康。"这是农工党中央领导来大方县调研时，曾留下的话语。大方县 100 多万群众的健康，时刻牵动着农工党中央的心。

为践行"同心"思想，农工党中央发挥在医疗卫生领域的突出优势，围绕"同心助医"工程帮助大方县改善医疗卫生条件，构建城乡医疗卫生保障体系，切实解决群众"看病难、看病贵"的问题，方便群众在家门口就医。

如今在鸡场乡、理化乡、六龙镇、羊场镇等乡镇卫生院，由农工党中央发起的"同心助医"工程落地生根。

大方县羊场镇卫生院的治疗室里，井然有序地摆放着各种医疗仪器，内科、儿科、妇产科、检验科、放射科、B超室、心电图室等科室齐全，老百姓不用到县城，就可以享受到与县城医院差不多的待遇，基本实现了"小病不出村、大病不出乡、重病不出县"的目标。

在农工党中央的帮扶下，羊场镇卫生院获得了170多万元的医疗设备，还配备了"流动医疗服务车"，帮助培训医疗人员。过去卫生院里只有五六名医护人员，看病的人也几乎不来，老百姓生病是小病在家熬，最多捡点药，大病往县城跑，2011年医院的年收入才30万元。现在老百姓是有病就到卫生院，花50元的门诊费就能治疗。老百姓对身体健康的重视来源于农村医保的实施和乡村医疗条件的改善，农工党中央的帮助促进了乡村医疗卫生体系在大方县迅速建立和完善。羊场镇卫生院医务人员增加到30人，医院年收入提高到170多万元。

自2010年7月以来，为践行"同心"思想，打造"同心"品牌，农工党中央协调中国医药卫生事业发展基金会、中国红十字会、中恒集团在毕节试验区开展顺民意、解民忧、惠民生的"贵州毕节贫困山区同心助医工程"项目。该项目在大方县投入4600万元，用于培训基层卫生人才，支持基层医疗卫生机构建设，促进医药卫生制度改革，树立标准化建设榜样，帮助解决西部贫困山区群众"看病难、看病贵"的问题。

在2008年中国医药卫生事业发展基金会联合天大生物技术有限公司出资387万元为大方县援建83所村卫生室的基础上，农工党中央通过实施"同心助医工程"项目，投入资金3200万元，帮助大方县32所乡镇卫生院和204个村卫生室进行标准化改造，努力构建"农村半小时、社区一刻钟”的优质医疗卫生服务圈。

“同心助医工程”项目投入约 679.2 万元，省卫生厅投入 143.76 万元，共为大方县人民医院配备了两辆“流动医院车”，为所有乡镇卫生院、社区卫生服务中心和大方镇防疫保健所配备了“流动医疗服务车”，并为每个乡镇卫生院培训两个以上急诊急救组，县内所有医疗救护车统一服从县 120 指挥，初步建立起了县内的急诊急救网络，具备了进村入户服务的条件。“同心助医工程”项目为各乡村医疗卫生机构配备了 2013 件医疗设备和 2787 件服务设施。全县共有 2200 人次乡村医疗卫生技术人员得到“同心助医工程”项目培训，改写了过去有部分设备但基本无人才的历史，为保障广大农村群众身体健康和生命安全发挥了重要作用。

（二）念好“山字经”，打好“山字牌”，让群众“发药财”

“黔中无闲草，遍地皆灵药。”大方县独特的土壤、气候条件，非常适宜中药材的生长，享有“中药材之乡”的美誉。当地中药材资源丰富、品种繁多、分布广泛，目前已查明的中药材就有 1672 种，其中植物药 1577 种、动物药 79 种、矿物药 16 种，蕴藏量约 177 万吨。

大方县地处乌蒙山腹地，属典型的喀斯特地貌，境内山峦起伏，沟壑纵横，山地丘陵多、平地少。大方发展的潜力在山、希望在山、出路也在山。在农工党中央的帮助下，大方县牢牢坚守住发展和生态两条底线，念好“山字经”，打好"山字牌"，围绕药品食品产业调整农业产业结构、推广中药材种植和推动大方药品食品工业园区建设，将山与药成功"联姻"，不仅找到了治理石漠化的良"药"，而且带来了良好的经济效应和社会效应，引领农民增收致富。

农工党帮助大方县制定了《大方县中药产业发展总体规划（2010—2020 年）》和《大方县中药产业天麻专项发展规划》《大方县中药产业半夏专项发展规划》《大方县中药产业刺梨专项发展规划》，大力发展中药材种植。为了让中药材产业的种植基地迅速成规模，农工党中央积极引进外来公司建基地，采取"公司+农户+基地""合作社+基地+农户"的种植模式，实行利益捆绑，将公司、农户利益连在一起，大大降低了种植风险，带动千家万户群众增收，使中药材产业基地迅速扩大。

在农工党中央的积极引荐下，已经有广西梧州中恒集团、重庆九方源公司、贵州信邦制药有限公司等 10 余家外来企业入驻并建立基地，本地不少中小型企业、农村合作社也纷纷转型种药。2012 年，大方县中药材种植面积达到了 16 万亩，带动全县农户人均增收达 500 元。2014 年，全县31 个乡镇（街道）天麻、半夏等的中药材种植面积达 11 万亩，总产值近 10 亿元。其中仅天麻种植就达到了 35000 亩，分布在全县 19 个乡镇、40 个村、9300 多户。中药材种植已覆盖大方县所有乡镇，形成支柱产业。

要想使大方中药产业经得起市场的考验和冲击，就必须在延长产业链、提高附加值上下功夫。2010 年，大方县在农工党中央的支持帮助下，启动面积 15.44 平方公里的大方药品食品工业园区建设，让药材就地加工增值，解决药材的销售问题。

大方药品食品工业园区以药品、食品产业为主导，以建设贵州省重要的中药产业基地、中国西部重要绿色食品基地以及毕节地区配套完善的生态宜居新区为目标，努力打造科技领先、功能完善、具备现代化建设水准的生态产业园。

2014 年，大方药品食品工业园区已有入驻企业 24 家，项目建成后年产值可达 130.3 亿元，实现利税 23.17 亿元，解决了 7000 多人的就业问题。

通过农工民主党中央和农工民主党贵州省委牵线搭桥，引进总投资 1.5 亿元的威门药业、投资 2 亿元的成都地奥药业、投资 1.5 亿元的深圳君安华制药、投资 1000 万元的贵州九龙天麻公司等一批药品加工龙头企业入驻园区。

在注重龙头带动、示范引领的同时，大方县还注重产品的研发，增加科技含量，走科技化发展路子。在食品药品产业园区建立"天麻产业发展研究中心"，搭建天麻产业发展研究及推广应用平台。经过努力，"贵州天麻产业发展创新战略联盟"落户园区，形成了天麻产业发展的强力技术团队，主要开展天麻产业的关键技术研究，解决了天麻产业中的菌材林更新，优良种苗繁育，种植模式、产地标准化，加工方式、产品质量控制规范化，新产品开发等关键问题。

结合大方县的交通枢纽优势，农工党中央积极呼吁、争取各方支持大方县建立"西南中药材交易市场"，发挥中药材产业的区域辐射和带动作用。

农工党中央对大方医疗卫生和中药产业发展的帮扶，为大方县建成全面小康打下了坚实基础。

（三）大坝——贫困村向民族团结村的转变

大方县鸡场乡大坝村坐落在碧波荡漾的支嘎阿鲁湖畔，当地风光旖旎，旅游资源丰富，发展潜力大，全村居住着苗族、彝族、汉族、水族等民族。在 2007 年以前，村民居住的还是低矮的茅草房，村中卫生环境极差，村民苦不堪言。2007 年，大坝村成为"农工民主党新农村建设示范服务点"，通过农工党的倾力帮扶，大坝村发生了翻天覆地的变化，基础设施基本完善，医疗文化设施齐全，村容村貌整洁，群众的科技兴农意识逐渐增强，生产条件得到极大改善，生活水平得到很大提升。

2007 年，农工党中央将大坝村作为新农村建设示范服务点，在"大方不脱贫，农工不脱钩；大方脱了贫，农工不断线"的理念指导下，农工党举全党之力，倾情帮扶大坝村，协调各方力量，在大坝村实施"四推"工程：一是推进民族团结和谐，促进各民族共同繁荣、共同发展，构建社会和谐基础；二是推进科技进步，积极协调社会各界人士参与科技兴农，增加烤烟、玉米等作物和半夏等中药材种植以及养牛的科技含量，提高农业效益；三是推进脱贫致富奔小康进程，不断拓宽群众增收致富门路，大力发展中药材种植、科技养牛等项目；四是推进民生工程，实施进村柏油路、联户路、沼气池、小水窖、少数民族民居改造、村卫生室建设、民族文化广场和民族文化活动中心修建等项目。

农工党赞助并帮助协调大方绿色产品开发公司投资40万元在大坝村黑泥组采用"公司+农户"的模式，与21户农户签订合同种植半夏100亩；协调贵州同济堂制药有限公司投资80万元在大坝村种植刺梨1010亩，大坝村农民在刺梨基地每年得到劳务收入20万元；投资4万元建成6000平方米的蔬菜大棚5个；种植经果林核桃1561亩、杨梅200亩，种植中药材山毛桃5000亩；2011年引进杭白菊100亩，2012年已种植杭白菊100亩、牡丹200亩，通过种植中药材，群众的户均收入增加500元以上。

在农工党的大力协调下，爱德基金会赞助20万元，县乡财政匹配15万元，在麻窝组修建集中养牛示范基地1个。农工党帮助解决10万元，县农牧局、民宗局匹配9万元在大坝村黑泥组组织20户农户统一规划修建了占地面积700平方米、拥有牛圈20间的集中养牛示范基地，该基地已发展养牛、养猪等大户30余户，户均每年增收5000元，畜牧养殖业获得了应有效益。

2006~2009年，农工党中央捐资、协调资金105万元实施茅草房改造和无房户建房累计162户，房屋亮化5000多平方米，投资10万元建成5户"农家乐"。2010年，投入资金80万元实施了生态文明家园建设和五园新村建设，对84户民居进行改造和新建。大坝村老百姓的人居环境得到了极大的改善。

2007 年，在农工党的大力协调下，投资 22 万元完成了黑泥组 100 米通组路面的硬化，修通了大坝组两条总长度为 1.5 公里的通寨公路，建成大坝村民族文化广场 1 个，完成了联户路硬化 4000 米。2008 年，投资 8.5 万元修通麻窝至岩头组通组公路 1.75 公里；投资 180 多万元完成黄织公路到大坝村 6.7 公里通村柏油路改造；投资 5.5 万元在岩头组实施 855 平方米院坝硬化、1331 米联户路建设；投资 6 万元建设麻窝至岩头组通组公路 1.2 公里。

2009 年，投资 8.9 万元新建了"民族团结村"标志性寨门；投资 10 万元对村委会办公楼进行民族特色改造。2010 年，投资 55 万元修建小型提灌站并架设自来水管，解决了大坝村人畜饮水困难问题；投资 300 多万元规划修建了占地面积 7819 平方米、建筑面积 3180 平方米的民族文化活动中心；投资 80 万元对民族民居进行改造；投资 15 万元新建生态小公园、同心步道；投资 25 万元对广场进行绿化美化，并安装了路灯和健身器材。2011 年，投资 365 万元对 6.7 公里的进村道路进行水泥硬化。另外，在农工党的协调帮助下，大坝村建立了"农家书屋"，为群众提供了学习科学文化知识的平台。

通过农工党的协调，投入了财政扶贫资金 10 万元建沼气池 100 口；投资 137 万元实施了农村环境综合整治项目（其中农工党协调环保部的专项资金 97 万元，县级匹配 40 万元），共建成人工湿地污水处理设施 12 座，铺设生活污水收集管网 8700 米；配套建成农户室内简易洗澡间与洗碗池 109 户（套）；建成生活垃圾收集池 20 座，购置生活垃圾清运车一辆。这些项目的实施大大改善了村民生活环境，消除了"脏、乱、差"现象，实现了村容整洁。

2007 年以来，农工党通过与各级有关部门的协调，投入资金 9 万元，修建了 200 平方米的大坝村卫生室并捐赠价值 19 万元的药品和医疗器具，县财政投入 4 万元对村卫生室的医疗设施进行完善。2011 年，大坝村新型农村合作医疗参合率达到 97.6%。大坝村卫生室实行了乡村一体化管理，已经为 663 名村民建立了健康档案。建立村卫生室和实施新型农村合作医疗项目，有效解决了老百姓缺医少药、"小病挨，大病扛"的看病难、看病远的问题。

在大坝村老百姓的心中，大坝村发生的天翻地覆的变化，离不开农工党中央、农工党各级地方组织的倾情帮扶。

2010 年 3 月 11 日，农工党中央在大方县的联系帮扶点仅有鸡场乡大坝村一个点的基础上，新增了竹园乡沙坝村、东关乡半冲村两个帮扶联系点，至此，农工党中央在大方县的帮扶联系点达到三个。农工党中央帮扶大方县的思路也从过去的捐钱捐物逐渐向为大方县争取项目方向转变。

协调引进资金捐建竹园乡海马小学、竹园乡民族中学、响水乡邵家村希望小学、星宿乡峻岭村前进小学、安乐乡希望小学，维修学校 10 所，为学校购置课桌、电视、电脑、打印机及文具、书籍等；在竹园乡创办"沪黔前进苗族女子班"，在星宿乡创办"京黔前进助学民族班"和"苏黔前进助学民族班"，设立"贵州前进助学金"和"前进奖学金"；委托贵州农学院在大方举办乡镇长培训班 2 期；与大方县委联合开办村级后备干部中专班；组织地方干部到经济发达地区考察学习；联系清华大学培训大方县领导干部；联系北京慷尔中心对大方 27 名青年进行家庭护理培训并安排到北京就业；有计划、有组织地为大方培训大批科技人才；联系北京宝龙国际科技有限公司向沙坝小学捐赠价值 5 万多元的电脑 20 台并向 25 名贫困生捐赠了 5000 元现金，中华环保基金会向半冲村 25 名贫困生捐赠了 5000 元现金和学习用具。

争取到 100 万元的畜牧秸秆氨化养殖项目；协调资金 160 多万元建立 1700 多亩的中药材示范种植基地；协调贵州省有关部门资金 4000 多万元在大方等两县进行地下水开发利用；协调中华环保基金会引进资金 100 多万元对县城螺蛳塘饮用水源进行环境治理；引进社会资金 4800 万元在大方县创办各类企业；协调 1182 万元助推大山乡建设新农村，使大山乡 4580 户 15488 人受益；协调在大方建立 200 亩半夏种植示范基地；争取竹园乡海马宫贡茶基地建设项目，特邀茶叶专家进行指导；引进巴西旱稻、芦笋、银杏、香根草、高产玉米等优良品种和经济作物进行示范种植；买进"多功能植物营养液"支持瓜果和蔬菜种植；引进小尾寒羊在安乐乡进行生态养殖示范；引进爱德基金在星宿乡实施"1+1"滚动养牛增收项目；协调国家林业局在大方实施石漠化治理项目。

协调国家发改委，促成大方火电厂立项；协调农业部将大方列为全国秸秆养牛示范基地；引进半夏种植科技示范项目；引进刺梨种植生态示范项目；协调争取地下水开发利用项目；协调争取大方县城饮水工程——岔河水库立项建设；协调火车站的立项建设等。

通过农工党中央和大方县的共同努力，大方县各项建设取得了辉煌的成就，背后凝结着大方党政与人民的辛劳，同时也凝结着农工党中央对大方革命老区的巨大关怀与扶助。总体来说，大方县经济持续快速增长，结构调整初见成效；开发扶贫深入推进，人民生活水平不断提高；生态环境逐步改善，可持续发展能力不断增强；人口高增长的势头得到控制，人口素质不断提高；综合开发实力明显增强，经济发展后劲不断增强。

六　同心引领发展·致公致力七星

——中国致公党帮扶七星关区纪实

1988 年，随着以"开发扶贫、生态建设、人口控制"为主题的毕节试验区成立，致公党中央便与素有"乌蒙腹地、三省红都"美誉的七星关区结成了帮扶对子。

30 多年来，致公党中央以智力支持为主，以改善民生为重点，以示范带动为特色，加大工作力度，对七星关区基础设施建设、城乡统筹发展、脱贫致富、改善民生、特色经济发展、招商引资、非公有制经济发展等提出了宝贵意见和建议；为七星关区做好牵线搭桥工作，帮助争取政策项目，引进资金、技术、人才和先进管理经验；投入更多的力量开展智力支边、温暖工程、扶贫帮困、兴教办学、人才培训等活动；大力帮助改善七星关区办学条件，为七星关区经济社会发展做出了积极的贡献。

七星关区的发展无不注满致公党中央的呕心沥血，枝枝叶叶总关情，一路走来，七星关区在乌蒙山区率先崛起的点点滴滴，无不渗透着无尽的致公情结。

（一）百年大计 教育为先

2004 年 4 月，致公党中央援助毕节市区聋哑学校 25 万元修建了一幢教学楼，筹资 120 万元设立毕节试验区贫困大学生奖励基金，筹资 60 万元设立七星关区青场镇贫困高中生奖学金。

2006 年，致公党中央、致公党省委协调落实资金 15 万元，为七星关区匹配 17.5 万元修建了七星关区致公华昱希望小学（原青场镇渔洞村小学）；同年，在青场发放了"明园奖学金"和贫困大学生奖励基金 10 万元。

2011 年 5 月，由致公党山东省委会捐建的"同心·致福书屋"揭牌仪式在梨树镇车坝村举行。车坝村是致公党中央确定的"同心·致福新农村示范点"。同时，致公党山东省委会为毕节试验区农村小学和社区共捐建了 4 所"同心·致福书屋"，捐赠图书 1.1 万册，总码洋 21 万元。2011 年开始，浙江省委会组织成员参与致公党中央在毕节地区开展的为期三年的"联系贫困学生，结对帮扶送温暖"活动。

50 名党员每年捐助 300 元，一对一帮扶赫章县 40 名、百里杜鹃管理区 10 名贫困学生完成小学阶段学业。点点微光汇聚，点亮贫困学子希望的曙光。

2012 年，致公党大连市委协调资金 50 万元援建的小坝幼儿园主体工程已完工；致公党上海市委邀请专家为七星关区从事科普教育的教师与相关人员进行培训。致公党江苏省委援建的"同心致福书屋"已投入使用；援建的海子街"致福工程"培训点已经建成并投入使用。致公党南京市委为七星关区 780 名英语教师进行培训。

2013 年，致公党中央主席万钢、副主席闫小培亲赴七星关区考察指导工作，致公党中央组织专家、学者、企业家等先后 11 次深入七星关区考察调研，召开协调座谈会，研讨帮扶工作，为七星关区经济社会发展提出了很好的意见和建议，有力推动了七星关区经济社会发展。同时，致公党在七星关区开展"一帮一"对口帮扶项目，向七星关区 31 名贫困学生捐赠学习用品 100 套并发放助学金 9300 元；为七星关区致公万泽小学、七星关区实验学校 110 名贫困学生捐资 33000 元；协调福建省奇达利集团为七星关区 50 名贫困大学生资助 10 万元助学金；为七星关区千溪乡、团结乡、大河乡、大银镇等 91 名贫困学生发放 54600 元助学金；协调北大青鸟集团实施"致公学生培养计划"，4 年共投入资金 25 万元资助七星关区 4 名贫困学生免费在京学习六年；继续推进"新东方奖学金"项目，发放奖学金 2 万元资助七星关区贫困大学生 4 名；邀请专家为七星关区培训医务人员 100 多名；同年 4 月 22 日，闫小培副主席为七星关区实验学校"致公科普基地"揭牌；致公党上海市委投入资金50 万元续建致公科普中心，为七星关区实验学校 100 名师生开展环保讲座；致公党南京市委帮助七星关区培训中小学英语教师 700 名。此外，还开展青少年科普培训活动，培训学生 1.2 万余人次。

（二）设立"致公科普活动中心"，创建社会服务工作品牌

创意始于 2009 年的"致公科普活动中心"是致公党上海市委援建中西部地区教育事业，践行致公党"致力为公"宗旨的一个品牌性社会服务平台。"致科"工程以科普教育为抓手，探索推进和落实在新农村村校和中西部欠发达地区学校开展科普教育，培养一代具有一定科普知识和创新意识的青少年，逐步缩小中西部地区与沿海发达地区在教育理念、教学方法、软硬件等方面的差距，使中西部地区的青少年学生同样能够接受良好的科普教育。

2012 年，致公党上海市委在上海市青少年科技和艺术教育中心的支持下，向援建的贵州毕节七星关区实验学校"致公科普活动中心"捐赠了 20 多套互动式科普设备，组织致公党学者、专家到学校举办科普讲座，培养同学们从小爱科学、学科学、用科学的兴趣。"致公科普中心"正式运行以来，极大地鼓舞了学校师生的科普热情，激发了师生的科技创新意识，效果显著。2013 年，毕节七星关区实验学

校获得了贵州省机器人大赛团体第二名的好成绩，学生的科普作品也获得了贵州省、市多项奖励。

致公党上海市委以毕节市七星关区实验学校为中心，牵头在七星关区杨家湾镇的多所中小学校开展系列科普活动，形成"一个中心，多点辐射"的带动效应；开展"回收利用身边废弃物，建设绿色家园、绿色学校"等科普活动；以班级和学校为单位，组织参加不同类型和层次的科技竞赛等活动，以点带面，通过推广和普及科学理念培育师生的创新意识。

（三）改善民生助发展

2009 年，致公党中央协调资金 20 万元在海子街镇实施优质肉牛养殖示范项目，协调资金 50 万元修建七星关区大新桥办事处小河村希望小学和卫生室，协调江苏黄埔再生资源利用有限公司赠送七星关区 300 台电脑和 1 辆"依维柯"，改善了七星关区部分单位和乡镇的办公条件。

2012 年，致公党浙江省委会资助毕节市七星关区价值 30 万元的医疗设备，并对其 30 名医疗人员进行培训。

2013 年，致公党中央将七星关区人民医院列为"中国致公党医卫帮扶基地"，协调天津医科大学对口帮扶七星关区人民医院，致公党浙江省委对口帮扶七星关区市西社区卫生服务中心，协调专家在七星关区开展乡村社区推广讲座和土豆生长技术培训；协调北京悦康药业集团为七星关区人民医院捐赠价值 50 万元的药品；投入资金 3 万元慰问困难群众 100 户，致公党贵州省委资助空巢老人和"五保"老人价值 2 万元的生活物资。

2014 年 10 月，由致公党中央社会服务部在七星关区启动"致福送诊"活动并帮助七星关区人民医院全科医师培训。

"致福送诊"项目是致公党中央在总结过去对毕节试验区医疗卫生事业帮扶经验的基础上，结合毕节市七星关区医疗卫生条件的需求而制定开展的帮扶项目。从 2014 年开始，计划用 3 年时间对毕节市七星关区杨家湾镇所有乡村医生进行全科医学免费培训，融合教育、预防、保健、基本医疗、康复、计生服务等基层医疗卫生服务内容，使其系统掌握全科医学的方法和技能。致公党在七星关区人民医院陆续开展"致福送诊"活动及培训讲座，并建立了长效机制。

2004 年，在致公党中央、民盟中央的推动下，青场镇建立了农业果蔬协会和产业结构调整无公害蔬菜种植示范基地，参与农业科技示范园区建设的 150 户村民，人均纯收入从 1998 年的 960 元增加到了 1800 元。2007 年，致公党继续帮助青场镇创建无公害品牌蔬菜，为该镇 50 亩蔬菜基地捐赠 1 万元的反季节菜籽。致公党在青场镇青坝村和朱昌镇花厂村建立了两个农村沼气示范点，投资 20 万元建成 200 余口沼气池，村民每年每户可节约原煤 2.5 吨（折合人民币 700 余元）；已在青场镇青坝村建立稻田养鱼示范基地，共有鱼池 32 口，投资 3 万元。2004 年 4 月，致公党中央给青场镇贫困农户捐赠了价值 2 万多元的常用药品，并对七星关区人民医院医务人员进行技术培训；2006年底，捐赠给青场镇文化站价值5万元的图书；2007年初，致公党中央为青场镇卫生院送去了价值30万元的医疗药品。

2009年，致公党中央帮助协调解决的"茅台酒原产地及赤水河上游地区生态建设和环境保护规划项目"规划经省政府批准实施，国家投资7000万元在七星关区实施"三江源"生态保护项目，重点打造"两线四翼"八条产业示范带和"5521"（50万亩特色经果、50万亩蔬菜、20万亩生态畜牧业、10万亩中药材种植）产业示范工程，这成为加快七星关区农村产业结构调整、促进农村经济加快发展的一次重大机遇。

2010年，七星关区遭受百年不遇的旱灾，旱情深深牵动着致公党中央各位领导的心，为了支持七星关区人民开展抗旱救灾工作，致公党中央发慰问信，并捐赠5万元资金支持七星关区抗旱救灾。致公党中央社会发展与服务委员会副主任、江苏黄埔再生资源利用有限公司董事长、"毕节市荣誉市民"陈光标也向七星关区捐赠了200吨矿泉水，帮助开展抗旱救灾工作。10月中旬，李卓彬副主席率致公党中央及六省三区考察团赴七星关区考察调研，旨在了解七星关区社会经济的发展现状，为促进全区社会经济又好又快、更好更快发展建言献策。

致公党中央在七星关区实施了许多见效快、收益大的帮扶项目，帮助协调解决了许多助推七星关区发展的项目在申报、实施中的难题，并取得实质性进展。2014年4月，致公党协调重庆兆德投资有限公司签订 30 亿元的"兆德中央公园"城市综合体与阿市乡"同心致福"中药材示范基地，欲将阿市乡打造成为全国最大的党参种植基地，形成集深加工、产品研发、品牌营销和进出口贸易于一体的农业产业链。

在助推发展上，致公党中央协调国家科技部批复毕节为"国家新能源汽车高新技术产业基地"。协调国家科技部投入 300 万元资金在七星关区实施"富民强县"项目。多次组织企业家深入七星关区开展考察投资活动，协调广州吉隆集团在七星关区南山公园建设"乌蒙生态风情园"；协调珠海市民营企业商会与七星关区签订初步战略合作框架协议。

自 2007 年以来，致公党中央在毕节试验区先后开展服务项目 61 项，引进海内外捐资 3070.34 万元，协调落实科技帮扶资金 200 余万元，共同助推了毕节试验区的发展。

回顾过去，展望未来。地处毕节试验区经济、文化、政治中心的七星关区，30 多年来，在致公党各级组织的大力支持帮助下，全区文化、教育、卫生等方面发生质的飞跃，为七星关区后发赶超、超常规崛起注入不竭动力，为七星关区与全国同步小康写下辉煌赞歌。

七　凝聚九三学社力量　帮助威宁发展崛起

——九三学社对口帮扶威宁自治县纪实

地处贵州高原脊梁的威宁彝族回族苗族自治县，素有

"阳光城"的美誉，平均海拔 2000 多米，居住着 140 多万汉、彝、回、苗等同胞。这里，有闻名中外的高原明珠"草海"，有丰富的风力、煤炭、煤层气、铅锌矿、铁矿等资源，盛产马铃薯、荞麦等农作物。

可在多年前，威宁自治县的贫穷和落后让人们将这里评为"去不得的地方"，人口贫困、经济发展落后、各种社会矛盾突出的发展困境，让基层农村一度陷入了"卖血、盗采、超生"的泥沼。

威宁自治县的这一困境引起了党中央、国务院的高度重视和巨大关心，也引起社会各界的强烈关注。时任党和国家领导人胡锦涛、温家宝、回良玉先后对威宁县的经济社会发展做出重要指示，要求国家有关部门和贵州省要采取有力措施，经过几年艰苦努力，坚决打好扶贫攻坚战。

如今的威宁大地上，处处都呈现一派繁荣景象。新城区一幢幢高楼雨后春笋般地拔地而起，宽阔的大道上奔驰的汽车川流不息，街道两旁人来人往，熙熙攘攘；一幢幢具有黔西北风格的新农村民居错落有致，与青山绿水交相辉映，这些翻天覆地的变化和党中央、国务院，各级各界的巨大关心、支持以及九三学社中央的鼎力支持是分不开的。

1994 年 3 月，九三学社把威宁县作为定点支边扶贫联系点。长期以来，九三学社中央对威宁县的经济社会发展高度重视，明确了"不脱贫、不脱钩，脱贫不断线"的帮扶原则，以项目支持和资金援助为切入点，长期坚持深入威宁县开展定点帮扶工作。特别是 2010 年以来，九三学社中央提出了以"科技扶贫、观念扶贫"为重点，确立了帮扶内容，包括继续帮助草海综合治理项目的落实，积极参与"威宁试点"工作。

九三学社中央采取"中央牵头、贵州省委为主、其他省级组织参与"的方式，组织江苏、上海、浙江、广东、河北、福建六省市对口帮扶威宁县，分别与威宁县哲觉镇、中水镇、二塘镇、炉山镇、黑石头镇、金钟镇开展对口帮扶，使得各项帮扶工作得以深入推进。

自毕节试验区和威宁试点县相继建立以来，九三学社中央先后直接投入和联系投入资金 3.87 亿元，重点实施"智力支持、改善民生、生态建设、示范带动、助推发展"五大工程 49 个项目，在医务人员、教师、实用技术人才培训等方面做了大量卓有成效的工作。

以改善民生的方式，让群众生活水平得到提高，生活环境得到改善，发展能力得到提升。2007 年，九三学社"亮康行动"在威宁正式启动，2012 年成功引进香港亮睛慈善基金会投资 166 万元建立威宁县眼科中心，截至 2014 年底，为威宁县 1779 名白内障患者免费做了复明手术，赢得社会高度赞誉；情系威宁灾区，2010 年和 2012 年捐赠抗旱救灾资金和抗震救灾资金共 40 万元。

以生态建设的方式，全力推动威宁实现城乡绿化水平的新提升，以绿色生态工程建设的新成果，促进全县经济社会全面、协调、可持续发展。在九三学社各级组织的关心帮助下，草海湿地生态环境综合治理项目得到了国家有关部委的高度重视，九三学社中央协调国家林业局投资 1030 万元治理草海保护区；协调争取农业部 500 万元草地生态建设国债项目在威宁县盐仓镇凉水沟、麻乍乡启戛梁子、雪山镇画眉梁子、板底乡板底村和雄英村等处实施。

以示范带动的方式，按照发展超前、技术领先、管理创新、经济高效的原则，以企业、农户为投入主体，带动当地农民走上致富路。2011 年，九三学社中央实施位于威宁县城东南面 3 公里的草海镇大马城村同心新村示范带动项目，将该村确定为"同心新村"项目点，投入帮扶资金 35 万元，帮助修建村群众休闲娱乐文化广场，舞台、路灯等设备齐全；创办了村文化室，组建了村文艺队，丰富村民精神文化生活。

以助推发展的方式，改善威宁交通运输条件。1999 年底，九三学社中央帮助协调国家铁道部在威宁县草海站增加铁路股道，由原定的 3 股道增加为 4 股道。投入资金 1000 余万元，增加一条到发线，一条牵出线。使该站客货到发能力大大提高，满足了近期县域经济提速发展和建设的需要，为内昆铁路威宁草海站提升运输能力发挥了重要作用。

（一）扶贫先扶智

九三中学在威宁自治县是小有名气的一所中学，不仅因为这是九三学社以智力支边为形式，全面推进威宁自治县文教卫生事业发展的具体体现，还在于九三学社对其倾注的款款深情。

在九三学社的关心支持下，草海镇五里岗学校由建校初期的 3 名教师 1 个班，发展到 20 多个班、在校学生上千人、教职工近百人的规模。2007 年以来，九三学社"同心·智力行·企业行"活动为威宁九三中学出资 20 余万元，捐赠总价值为 10 万港元的图书 2000 册；协调落实 20 万元资金，帮助配置学校桌凳、计算机、篮球场等教学设备，实现了小学与初中的分离。学校建有多媒体教室，微机室，理、化、生实验室，图书阅览室，校园广播室，网上办公平台。2009 年 6 月，修葺一新的五里岗中学正式更名为"威宁九三中学"，九三学社中央主席韩启德亲自到场揭牌，优越的办学条件、先进的管理理念，为现代教育注入了新的活力。

在九三学社中央的倾情帮扶助推下，九三中学仅用 5 年时间就创造了惊人的奇迹，由一所名不见经传的乡级中学，发展成全国教育系统先进集体、1+1 慕课教育救助暨双师教学项目"重点实验学校"、毕节市普及实验教学示范校。

"同心"工程在威宁自治县实施劳动力转移职业教育培训、支持教育工作和医卫技术人员培训 3 个大项目的智力支持工程。在劳动力转移职业教育培训项目中，由中央统战部牵头，中华职教社协调重庆聚英技工学校、渝北职教中心、青岛黄海职业学院等，共在威宁自治县联合招收"同心"工程职业技术教育学生 500 多名；对 1000 多名农民工进行了职业技术培训并推荐到外地打工就业。九三学社中央支教团组织来自上海、北京的支教团成员在威宁自治县进行支教活动，对炉山、黑石、金钟、哲觉、中水、二塘 6 个乡镇及县直的 1000 多名中学教师进行培训，以英语为重点，使威宁自治县的英语教育水平和教学方式得到进一步的提高和改进；资助贫困学生项目主要由香港主力电器有限公司实施，资助威宁自治县近 100 名中学贫困学生，按每生每年 1000 元的标准资助，直到中学毕业。2010 年 9 月 1 日起，农工党对威宁自治县 7 个乡镇的 100 名村卫生室在职人员开展了为期一个月的培训，培训内容为理论和临床操作各 15 天，部分理论培训资料由农工党中央和农工党贵州省委免费提供，培训取得了实实在在的效果。

九三学社以智力支边为形式，培训文教卫生、农业科技等技术人员。先后在威宁自治县举办了医疗卫生专家讲座、生态旱厕操作技术及现场示范会、医疗卫生帮带解疑、畜牧业与市场、水果蔬菜的栽培生产与市场、杂交肉牛养殖等各类知识讲座 50 余次。举办第十五届国际科学与和平周讲座、中国（南方）草地畜牧业高层论坛，组织威宁自治县有关人员参加首届国际科学技术大会，拓宽了干部群众的农业科技视野。九三学社中央支教团还在威宁自治县启动支教活动，遴选上海、北京等地 28 名教师对县里中学教师进行以英语为重点的培训，提高了教师的素质。组织东部 8 省市学校开展"同心·智力行"活动，与 17 所中小学结成对子，帮助培训教师 2000 余名、中小学校长 600 余人。

（二）改善民生促发展

2010 年，九三学社中央主席韩启德考察威宁时提出用

2～3 年时间打造威宁无贫困白内障盲患县的"亮康行动"。"亮康行动"实施以来，九三学社的医疗专家们共为威宁自治县贫困白内障患者免费实施复明手术 2000 余例，并多次组织专家教授赴威宁进行义诊和讲学活动，共为贫困群众义诊 1000 多人次，解决疑难病例 20 多例，开展学术讲座 6 次，医疗智力扶贫取得了良好效果。在"亮康行动"的基础上，九三学社中央还协调"香港亮睛工程慈善基金"援建了威宁眼科中心，实现了威宁户籍参保人员百分之百免费治疗眼疾。

多年来，九三学社中央始终以助推威宁科学发展为己任，先后在威宁开展"迎接西部大开发"专家讲座；帮助威宁争取铁道部批准威宁县建站，协调铁道部为内昆铁路威宁站由 3 股道增加到 4 股道；援建"科技种草养殖肉牛示范点"、马铃薯种薯扩繁科技示范园、大马城"同心新村"等项目；协调农业部投资 5850 万元在威宁修建沼气池 2.6 万口；协调水利部投资 2.99 亿元，解决了 47.1 万人的安全饮水问题；协调农业部等促成威宁县申报"贵州省威宁县天然草原建设与恢复项目" 500 万元投资；投入 40 万元在威宁草海镇白岩村实施优质杂交肉牛羊养殖示范小区项目，为威宁县畜牧业的发展起到了积极的示范带动作用；协调海联会投入 500 万元建设了 100 个村卫生室，投资建设了草海镇卫生室和西海村生态旱厕、村图书室；先后多次捐赠了价值数十万元的图书资料和医用药品，在"同心·智力行·企业行"活动中，为九三中学捐赠价值 4.5 万元的图书，为草海镇梨营小学捐赠大量书包、学习用品。2010年，在威宁百年不遇的干旱时期，捐资27万元支持抗旱救灾；在"9·7"地震中又捐资8万元帮助石门乡灾后重建。在2010年两会期间，九三学社中央提交了《关于毕节草海治理与保护的建议》，争取到国家发改委824万元资金支持草海国家级自然保护区基础设施建设，并重点扶持草海湿地保护工作。

在对威宁的对口帮扶中，九三学社还致力于开展助推发展工程帮扶。在九三学社的对口帮扶下，深能集团、国建集团、华能集团等先后到威宁进行实地考察，筹备开发风能资源。此外，九三学社还积极为威宁自治县提供各种信息，如河北降解地膜项目信息、四川自贡废塑料催化裂解汽油和柴油项目信息、贫困村图书装备项目信息、省爱卫会改厕项目信息等。同时，九三学社在为提高威宁知名度，让更多的人了解威宁、支持威宁，加强协作、广交朋友、互通信息、交流经验、开阔威宁各级干部群众视野等方面做了大量的工作。

（三）"同心·民生工程"，建设美丽新农村

九三学社在威宁自治县实施"同心·民生工程"3个大项目。首先是生态建设示范带动工程即生态资源科学利用项目。九三学社中央先后投入资金44万元，在该县草海镇白岩村新建集中养牛小区，已建圈舍24间1650平方米，人工草地400亩，并帮扶购买了种牛和奶牛10头，目前该养牛

小区已实现集中养牛 52 头、农户分散养牛 380 头的规模，带动了该村 1000 多名村民的集体致富。其次，实施特色乡村旅游示范项目。威宁县麻乍乡戛利村是九三学社中央帮扶建设的民族特色旅游村，九三学社捐助该村 15 万元人民币，专项用于建立村民互助基金，主要用于民族特色旅游资源开发、种植和养殖业发展等项目，互助基金的循环使用，有力推动了戛利村村级经济的发展。最后是帮扶草海镇白岩村、大马城全面进行"五园新村"和"四在农家"建设，落实了大马城村帮扶资金 25 万元等。

草海镇草海村是中央统战部"同心"工程 2011 年帮扶毕节市 9 个项目中的 1 个帮扶点，得到了中央统战部的大力支持。

威宁自治县以"富在农家增收入、学在农家长智慧、乐在农家爽精神、美在农家展新貌"的"四在农家"精品示范村建设标准及以打造环草海精品生态湿地旅游景点为目标，高起点规划、高标准建设、高效率推进，把草海村打造成了贫困山区建设社会主义新农村的成功典范，成为扩大统一战线"同心品牌"影响力的示范工程。项目总投资 710 万元，统一战线帮建资金投入 440 万元，县配套建设资金 270 万元。在原定 8 个建设项目的基础上，增加了排污系统建设、人畜饮水提灌工程、改厕改圈、村寨大门景观建设，项目增加到 12 个，总投资从 710 万元增加到 1532.88 万元。

草海镇白岩村是威宁县典型的二类贫困村，2004 年，九三学社把白岩村作为帮扶示范点。近十年来，九三学社先后投资 44 万元在白岩村建设集中养牛小区，形成了"科技种草养殖肉牛示范点"，已建圈舍 1650 平方米，人工草地 400 亩，养牛 400 余头；并投资建立了马铃薯种薯扩繁科技示范园，完成马铃薯原种扩繁 100 亩、一级良种扩繁 100 亩，辐射带动 2 万亩，带动了村民致富，成为乌蒙山区的一颗明珠。白岩村的蜕变也是九三学社在威宁县实施示范带动工程的一大亮点。

草海镇大马城村在九三学社项目资金的帮助下，落实帮扶资金 25 万元，全面进行"五园新村"和"四在农家"建设，村里建起了生态广场，群众住上了漂亮的黔西北民居。在产业发展上，引进山东乐义集团建成现代农业科技示范基地，农民变成了产业工人，人们生活逐渐走向文明富裕。

"同心"工程在威宁县实施了卫生室建设项目、沼气池建设项目。由中央统战部牵头、海联会投入资金 500 万元，在威宁自治县实施"海联·同心工程"新农村卫生室建设项目，援建威宁自治县 100 个村卫生室现已全部竣工并投入使用；中央统战部、农业部帮助修建沼气池 2 万口，每口沼气池投资 2250 元，合计总投资达 4500 万元，现已全部完工并投入使用。

迤那镇昼夜温差、日照时间均适合中药材党参的种植。在上级党委、政府的帮助下，党参种植迅速发展壮大，当地村民自发组织了多个合作社种植党参。利民生态中药材合作社涵盖五星、莲花、青山村等多个村寨，党参种植从 2011

年的 500 亩左右发展到 2013 年 7000 多亩，从单一的党参种植扩大到当归、金银花、金铁锁等 30 种特色中药材的种植。当地通过出租流转土地，在合作社就地打工、养猪等综合收入从 2010 年的一家不到 10000 元发展到 2012 年的每家 20000 多元的收入。

迤那镇共有耕地面积 11.8 万亩，适宜种烟草的面积近 4 万亩，建有"三星"烤烟专业合作社，入社农户 527 户 2266 人。2013 年全镇种植烤烟 30085 亩，产量预计 6.6 万担，比 2012 年 29500 亩 6.4 万担分别增长 1.01% 和 1.03%。2013 年将实现产值 8000 万元。

2013 年，全镇已完成中药材种植 7000 亩，完成以核桃为主的经果林种植 10500 亩，以莲花村、大山村为核心新建的标准化马铃薯基地 6600 亩，辐射带动全镇马铃薯种植 4 万余亩，新建畜牧养殖场 3 个，带动畜牧业良好发展，这些产业为农民增收奠定了坚实基础。

在国家"工业反哺农业，城市带动乡村"的政策支持下，位于迤那镇 1 公里处的"芙蓉新村"于 2011 年 6 月开始建设。湖南省中烟集团公司投资 1840 万元，威宁自治县委、县政府和迤那镇党委、镇政府筹措 400 万元，以迤那镇烤烟生产核心区合心村元龙组、石河组、新营组、新河组、石桥组 70 户 348 名农民为单元，集中修建别墅 70 栋，建立了迤那镇"芙蓉新村"。每户烟农建有一幢 2 层的别墅，面积 242.36 平方米，每幢配有沼气池、圈舍、农具储存室及卫生间，水、电、路设施齐全。公共设施共占地 84.48 亩，有社区文化广场、公厕、绿化带、社区办公楼,以及篮球场、健身娱乐室等健身场所并配备了乒乓球、棋牌及羽毛球等器具,有可容纳 20 人的党支部会议室和可容纳 150 人的大会议室,设党支部办公室、社会服务中心及一个农家书屋和烟农学校,是迤那镇农村党员创业致富和农村党员干部远程教育学用转化培训基地。

"穷在深山有远亲,同心共谱富民曲",这是统一战线特别是九三学社在威宁实施"同心"工程的真实写照。通过"同心"工程的实施,威宁自治县经济增长势头得以持续强劲。

正是一个个项目和工程的实施,让威宁发生了翻天覆地的变化。30 年来,九三学社发挥优势,举全社之力,参与支持毕节试验区威宁自治县建设。九三学社与威宁人民的情谊已经深深地埋藏在每一个九三人、威宁人的心里和高原草海之间。

八　结对穷"海雀"　托起"金凤凰"

——台湾民主自治同盟帮扶赫章县纪实

赫章是毕节试验区欠开发、欠开放、欠发达的国家级贫困县。2005 年,台盟中央主动加入支持毕节试验区开发扶贫的行列,选择赫章作为帮扶联系对象,推动开展智力支持、改善民生、示范带动、生态建设四大工程,帮助赫章发展特色优势产业、改善教育医疗条件、参与两岸交流合作,走上脱贫奔富的"快车道"。

20世纪80年代的毕节，养儿防老、传宗接代的传统生育观念根深蒂固，计划生育工作的开展十分困难，超生、多生现象比较普遍，形成了"越穷越生，越生越穷"的恶性循环。人口过度膨胀带来的直接问题就是吃不饱饭，而当地农民为了吃饱饭就毁林开荒，水土流失极为严重，连年的毁林开荒给毕节的生态环境带来了极大的破坏，自然灾害频频发生。

（一）从"苦甲天下"到"筑梦小康"

赫章县河镇彝族苗族乡海雀村，可以说是毕节众多贫困村的一个缩影。海雀村距县城所在地88公里，海拔2300米。全村辖5个村民组213户830人，其中苗族203户775人，彝族10户55人，是一个典型的少数民族聚居村寨。

"海雀村，作坊河，罩子雾齐门槛脚；要想扯尺遮羞布，肩膀当作地皮磨。"一段流传于20世纪80年代的顺口溜，道出了海雀村的贫困状况。

1985年5月，新华社记者刘子富来到海雀村，被该海雀极度贫困的景象所震惊："整个村庄死气沉沉，家家户户住的茅草房、杈杈屋，人畜混居。走访了2个村民组11户农家，家家断炊。苗族老大娘安美珍瘦得只剩枯干的骨架支撑着脑袋，一家四口人，只有3个碗，已经断粮5天了……"6月2日，刘子富在新华社总社内参刊物《国内动态清样》第1278期上以《赫章县一万二千多户农民断粮，少数民族十分困难却无一人埋怨国家》为题，报道了赫章县及海雀村的贫困状况。正是这篇"苦甲天下"的报道，引起了党中央、国务院的高度关注。随即，时任中央政治局委员、书记处书记习仲勋同志做出重要批示："有这样的各族人民，又过着这样贫困的生活，不仅不埋怨党和国家，反倒责备自己不争气，这是对我们这些官僚主义者一个严重的警告!!! 请省委对这类地区，规定个时限，有个可行措施，有计划、有步骤地扎扎实实地多做工作，改变这种面貌。"

2005 年，台盟中央主动加入支持毕节试验区开发扶贫的行列，毅然选择发展基础较为薄弱的毕节地区赫章县作为帮扶联系对象，奏响了结对帮扶的序曲，并首先选择海雀村作为开展帮助工作的第一村。

海雀村是毕节试验区的发源地，也是台盟中央帮扶赫章县的起点和工作联系点。十几年来，台盟中央始终与赫章人民风雨同舟，充分发挥广泛联系台商和台湾方面人士的优势，倾情帮扶，做了大量打基础、惠民生、促发展的工作。他们从提高农村人口基本素质和改善农民基本生产生活条件入手，帮助赫章发展特色优势产业、改善教育医疗条件、参与两岸交流合作，成为发挥多党合作优势、推动贫困地区发展的成功范例。

今天的海雀村，村子里溪水淙淙，四面青山环绕，一幢幢青瓦白墙的黔西北民居掩映在绿树丛中，蓝天白云下，小草翠绿，树影婆娑。全村农民人均纯收入 5460 元，森林覆盖率达 70.4%。曾经积贫积弱的海雀村发生的这种翻天覆地的变化，凝聚着台盟中央倾情帮扶的无数心血。

帮扶工作伊始，台盟中央便组织了智力支边考察组，到海雀村进行全面考察调研，了解该村经济社会发展情况和发展中面临的实际困难。从此，海雀这个大山深处的苗族村寨与台盟中央结下了不解之缘。

经济的贫困源于知识的贫乏，知识的贫乏源于教育的落后。赫章之贫穷，根在办学条件差、教育发展滞后。1985年，海雀村只有5个"读书人"，村里学历最高的是村会计文朝荣——上完了小学三年级。直至2006年，村小学仍是1988年由村里集资捐料投劳建成的土木结构建筑，仅有三间教室，连老师办公室都没有。

海雀村的状况是赫章教育境况的一个缩影。为了帮扶当地教育的发展，让知识改变思维，台盟中央开始了对赫章教育事业的持续支持。2006年4月，台盟中央帮扶海雀村第一批项目迅速启动：台盟中央捐资10万元，协调资金36万元，对海雀小学进行改造，新建教学楼一幢，共三层8间教室，并配套完善了球场、厕所等附属设施，极大地改善了学校的办学条件，办学规模由原来的三个年级的初小扩大为完全小学，使该村适龄儿童入学率达到100%。硬件上去了，软件也不能落下。新校舍落成后，台盟中央还先后捐赠价值近10万元的体育、办公设施和教育用品。台盟捐赠的电脑、投影仪帮助村小实现了网络教学班班通，让山里娃也能享受到城市学校的课程资源。

天津、广东、浙江、吉林等地的台盟组织也纷纷设立助学金资助贫困学生，举办教师培训班、改善办学条件，资助海雀小学。台盟中央常务前副主席汪毅夫从2008年起连续5年将个人创作所获稿酬6万余元全部捐赠给海雀小学。2012年以来，台盟上海市委每年举办"上海·赫章心连心——海雀小学师生夏令营"活动，有计划地组织大山深处的孩子到东部沿海地区参观学习。

通过台盟中央、社会各方面的倾力帮扶和当地政府的不懈努力，如今的海雀"柏油路通到寨中央，家家户户小洋房，环境优美村庄靓"，实现了由穷"海雀"向"金凤凰"的蜕变。十几年来，在台盟中央的倡导和带动下，当地党委、政府高度重视海雀村的发展，深入推进对海雀村的扶贫开发，全村建成柏油路20多公里，硬化院坝1万余平方米，修建了文化广场和生态休闲小公园，种植了行道树，安装了路灯；全村参加了黔西北民居改造，95%以上的农户完成了改厕改圈工程，人居环境明显改善，畜禽养殖、经果林种植等产业发展初具规模，农民人均纯收入从2004年的不足1000元，提升到2013年底的5460元；森林覆盖率从1985年的不足5%提升到如今的70.4%，被全国绿化委员会授予"全国造林绿化千佳村"称号；教育、文化、卫生等社会事业齐头并进，全村适龄儿童入学率达100%；组建了海雀歌舞团，自编自演的《苗族大迁徙舞》《毕节试验区四季歌》等，唱出了以海雀人民为代表的毕节试验区各族人民的心声。

让农民腰包鼓起来。海雀村是典型的苗族聚居村，苗族传统文化特别是苗族刺绣技艺得以很好地世代传承。如何引导农民搞产业发展，将民族文化资源优势转化为本地经济发展优势？台盟经过多次调研、反复思考，2014 年 6 月，协调项目资金 30 万元帮助海雀村苗族妇女建起了苗绣加工厂，还请来专业刺绣技师对 30 名苗族妇女进行培训，让她们利用农闲时间做起刺绣"生意"，并协调企业订单收购刺绣产品，增加农户家庭收入。

除了刺绣产业发展，台盟还在村里开展人畜饮水工程、茅草房改造……加上村里其他项目实施的核桃产业、半夏等中草药产业、畜牧养殖业等产业发展，现在海雀村的村民人均纯收入已经从 30 年前的 110 元增加至 6190 元。

结合修建文朝荣干部培训中心、海雀博物馆、森林公园，走可持续生态发展路子，大力发展农耕体验式旅游业；以龙头企业盘江集团和海雀生态农业专业合作社带动农民大力发展可乐猪、土鸡、土豆、竹笋等当地优势特色产业，走产、供、销一条龙服务的规模化、企业化发展道路，带动全村老百姓发展致富。

海雀村的一草一木承载着台盟中央对贫困山区人民的深切关怀，海雀村的山山水水留下了台盟中央领导的辛勤足迹。海雀村的发展和变迁就像一部浓缩了台盟中央倾情帮扶毕节试验区发展的纪实微电影，将台盟中央参与试验区建设的情景进行生动展示。

（二）智力支持解难题

在赫章县水塘堡乡，有一处远近闻名的核桃良种基地。站在山坡上眺望，漫山遍野的核桃树绿意盎然，对生羽状叶优美舒展，青绿色幼果缀满枝头。赫章核桃是"国家地理标志保护产品"，因壳薄、仁饱满、味香醇而著称。近年来，在台盟中央的悉心帮扶下，"小核桃"在赫章发展出了"大产业"。

在核桃的品种化栽培过程中，嫁接繁殖是一个技术难关。过去，果树嫁接成活率仅为10%，结实晚、子代杂乱，严重影响了核桃产量和农民种植积极性。台盟中央得知后，多次请来中国林业科学院、重庆市农业科学院和北京市门头沟核桃试验站的专家，实地传授高枝嫁接科学方法。几经试验，赫章的核桃树嫁接成活率在80%以上，品种大幅优化，实现了提前5~8年丰产。

台盟中央还协调中国科学院营养科学研究所，指导县里开展核桃乳、软糖、调和油等产业深加工，让果农既不愁种也不愁销。到2014年，赫章县已发展种植核桃约200万亩，年产值逾10亿元，年收入万元以上的核桃种植户有5000余户。

十年来，赫章的草地生态畜牧业、中药材产业以及旅游景区建设和城镇规划，都得到了台盟中央的大力支持。充分发挥了台盟成员在科技、农业技术等领域智力密集、资源广泛的优势，为赫章发展出谋划策。

　　扶贫先扶智，治穷先治愚。台盟中央协调资金设立"两岸·同心"助学基金，协调捐赠电脑援助赫章思源中学等建立学生电脑室；2012年起，台盟中央、台盟上海市委、台盟辽宁省委接连举办培训班，免费为赫章培训中小学校长。台盟中央发挥自身优势，广泛动员全国各省（市）台盟参与支持赫章建设，协调闽籍企业家捐资120万元，援建小学3所；协调威盛信望爱公益基金会和贵州盛华职业学院共同资助赫章县优秀大学生全额学费奖学金，每年20名，连续5年，计划捐资200万元；协调台盟福建省委捐资27万元、台盟上海市委捐资6.9万元，支持赫章发展教育事业；协调闽籍企业家向赫章捐赠价值104万元的学生电脑、点读机；联系香港况思俊先生等爱心人士向赫章教育事业捐资20万元；协调台盟福建省委和福建万利达集团有限公司向赫章卫生事业和文物保护事业各捐赠价值34万元的工作用车2辆；协调捐资200万元，支持赫章建设新农村卫生室40所。

　　2014年，台盟中央联系香港慈恩基金会实施"贵州贫困山区助学计划"，持续资助赫章贫困大学生30名、高中生278名、小学生400名，发放助学金27.8万元，捐资13万元人民币，援建财神镇营坝小学、向河镇乡板底小学、辅处乡杨沟小学等村校并捐赠衣物800余件、图书7700册；香港善施慈善基金会捐资医用救护车3台，残疾人专用轮椅100张；慈福行动有限公司捐资27万元，援建财神镇营坝小学，捐资72.8万元，资助本县440多名高中生；香港鹏程尚学教育金持续资助高中生 275 名，发放助学金 63.5 万元。台盟中央协调北京市科技信息中心向可乐乡农场小学捐赠电脑 30 台，建立"两岸·同心"电脑室，通过中央统战部台湾会馆协调台湾饭前饭后餐饮有限公司捐资 3.5 万元，为可乐乡新民小学添置学生课桌凳 50 套、电脑和打印机各 2 台，为可乐乡农场小学添置电脑桌 30 套。

台盟中央的智力帮扶，为赫章的改革发展注入了活力、盘活了思路，为当地经济的提速发展注入了不竭动力。

（三）产业助推发展

台盟中央及地方组织采取上下联动、横向联合，多元化地开展好社会服务工作。通过中央与地方的联动、地方与地方的联合、盟内与盟外力量的结合，做到多层次、多渠道、全方位地挖掘社会资源共同参与赫章帮扶工作，形成了社会帮扶的强劲合力。

上海、天津、广东、浙江、吉林等地的台盟组织注重赫章教育事业的发展，设立助学金资助贫困学生，举办教师培训班，改善办学条件，组织师生夏令营活动；台盟北京市委组织北京医疗专家赴赫章开展义诊活动并捐赠医疗器械；台盟重庆市委捐资支持赫章文物保护事业。自台盟中央帮扶赫章以来，共为赫章协调引进各类资金 1100 多万元，有力地支持了赫章经济社会发展和民生改善。

在大力改善民生的同时，台盟中央还积极为赫章的产业发展问诊把脉。多次组织协调专家学者到赫章指导可乐考古遗址公园规划建设，并协调国家文物局将可乐古遗址公园建设项目纳入首批全国古遗址公园建设规划；为赫章县核桃产业、草地生态畜牧业、中药材产业发展问诊把脉，先后为赫章举办教育、农村适用技术人才培训班，并连续选派机关优秀干部到赫章挂职，直接参与赫章经济社会的发展建设。

为了助推赫章经济社会发展，台盟中央还把产业扶持作为帮扶赫章的重要抓手。协调世纪金源集团捐资150万元支持赫章夜郎博物馆建设，协调国家科技部、台盟浙江省委和社会各界，在赫章实施优质樱桃引种试验与基地建设科技示范项目，在海雀村发展林下养鸡，帮助策划高山绿茶开发，打造"夜郎王茶"品牌，有力推动了全县农业产业化的发展。

2011年6月，经台盟中央牵线，台湾高级茶艺师李飞鸿以海峡两岸经济发展协会副秘书长的身份来到赫章考察。根据李飞鸿的建议，双坪乡、哲庄乡开始尝试农户与协会合作的种植模式，极大提高了茶叶产量，实现了规模效益。如今，两个乡共有近3万亩的高山茶园，不仅生产原生态有机绿茶，还研制出广受东南亚客商喜爱的"夜郎红茶"。加上其他乡镇的零星生产，赫章县茶业年产值已有2000多万元。

赫章地处偏远，如果没有台盟中央发挥与岛内联系广泛的优势，引导和带动台商前来考察，就不可能有高山绿茶今天的发展。台盟中央先后组织了8批次40多位台商到赫章考察，寻找合作商机。至2014年，台盟协调引进统一战线帮扶资金（捐资）3.8 亿元，实施"同心"工程项目 80 余个，并成功打造了"同心水窖""同心网校""同心新村""同心助学"等一批精品示范项目。

海雀的嬗变，是台盟帮扶赫章县的一个缩影，更是毕节试验区 30 多年来改革发展的一个缩影。

（四）开发赫章县可乐乡遗址

2013 年 3 月，全国政协主席俞正声在毕节试验区考察调研时的重要讲话传达到各民主党派中央后，台盟中央随即召开全盟工作会议，就新一届台盟中央委员会在社会服务和对台联络方面的目标任务和工作重点进行认真务实地研讨，进一步明确目标、谋求共识。

会议结束后的第 4 天，时任台盟中央副主席苏辉就率台盟中央调研小分队深入赫章县，就职业教育、乡镇医疗设施和教育培训等台盟拟实施的若干帮扶项目开展扎实的考察调研，实地摸清当地在上述项目中的现状和需求情况，并就帮扶工作与赫章县委、县政府主要领导进行座谈交流。

2015 年，台盟中央向全国政协提交提案，指出进一步开发赫章县可乐乡遗址，对于研究秦汉时期云贵地区历史，传承弘扬彝、苗、布依、仡佬等少数民族优秀文化有着十分重要的意义，对于改善当地居民生活、促进民族团结融合、推动赫章县经济社会全面发展也有着十分重要的作用。

2017 年，台盟中央协调国家文物局将可乐夜郎古镇遗址公园建设项目列入首批全国古遗址公园建设规划，并协调世纪金源集团捐资 150 万元，支持赫章夜郎博物馆建设和文物征集。

九　情系织金，此爱无疆

——全国工商联帮扶织金县纪实

1994 年，全国工商联积极响应中央号召，定点帮扶织金县，谱写了统一战线同心同德、同心同向、同心同行帮扶织金县的新篇章。20 多年来，全国工商联按照先行先试、改革探索的试验区精神，不断完善帮扶思路，丰富帮扶内涵，拓展帮扶领域，创新帮扶形式，组织引导全国民营企业家先后捐款捐物、投资光彩事业项目，通过引资、捐资、集资等融资渠道，采取助学助医、招工扶贫、提升素质、科技示范、修建水窖、提供滚动扶贫资金等方式，推动织金社会进步和贫困农民的脱贫致富。

帮扶之初，全国工商联在织金县开展了以"坚持以贫困人口为帮扶对象，以解决温饱为目标，以种、养、加工为重点，扶贫到户、扶贫到村，走开发式扶贫路子"为重点的一系列帮扶活动，并积极为织金的扶贫攻坚战略出谋划策，不间断地从技术、资金、项目和劳务输出等多方位、多角度、多渠道进行帮扶。

20 多年来，全国工商联倾情帮扶织金县，在通过调研掌握情况的基础上，对织金的帮扶既抓住当前，又着眼长远。抓住当前就是向织金的贫困群众捐款捐物，实施一些

"短、平、快"的项目解决群众生产生活中的一些燃眉之急；着眼长远就是把"扶贫先扶智"作为全国工商联帮扶织金的一个关键所在来做强做大，大力开展教育帮扶。

全国工商联与织金县结成扶贫对子后，历届领导人经叔平、黄孟复、全哲洙、谢经荣、张绪武、瞿怀明、张龙之、谢伯阳、孙安民、宋北杉、程路等先后20多次率团到织金县考察调研指导，召开了100多次各类扶贫工作会议、考察座谈会、签约会议。为改变织金县贫困落后的面貌出思路、谋发展，为织金县的发展大方向把脉，为织金县的广大干部群众带来新思想、新观念，为织金县今后的发展从体制、机制的创新上进行谋划。

他们的足迹，描绘了一幅雄阔壮丽的扶贫画卷。

翻开工商联帮扶织金史，无处不写满搞产业的史诗。普翁乡、三塘镇、猫场镇、桂果镇等，正在运用工商联帮扶引进的新技术、新品种，发展科技示范项目。

先后捐建"同心光彩水窖"2000多口，解决近1.5万人的饮水困难问题；捐建"同心光彩卫生室"10个；捐赠农用有机肥料折价500万元，打造5个乡镇万亩农作物基地，受益10万余人；先后建立了中药材、竹荪、蔬菜、烤烟、养牛、养鹅、养羊、养猪等多个农业产业示范基地。

倡导民营企业家募资1000万元在织金实施金融性滚动帮扶项目，向79户农户实施小额无息委托贷款467万元以发展农业生产项目；投资560万元在三甲实施葡萄种植1000亩。实施"同心·助农"融资担保项目，由全国工商联与织金县共同出资 1000 万元, 解决农户、农民合作社、小微民营企业审贷时无抵押、无信用评级等困难和障碍。

全国工商联在织金县的扶贫工作已从最初的帮扶种植、养殖、加工的项目逐步转移到具有长远意义的文化教育和科学技术领域, 已从贫困群众最关注的基本生活、生产条件的改善逐步转移到关系全县经济发展的基础设施建设和资源开发利用的投入方面。

针对织金县自然条件差、生产技术落后、地处偏远山区等不利因素, 全国工商联十分注重对生产技术骨干和干部队伍骨干的培训工作。骨干力量的素质提高后, 带动了周边的群众, 推动了各项工作的开展。1994 年, 由全国工商联和贵州省工商联邀请茶叶专家对少普乡茶场和以那镇观音山茶场的 20 多名技术骨干进行了茶叶管理技术培训; 1994 年, 希望集团在贵阳为 100 名技术人员培训了养猪技术; 1995 年, 希望集团对八步镇、官寨乡、猫场镇的 410 名人员进行了科学养猪培训; 1995 年, 全国工商联、贵州省工商联邀请安徽农大讲师在以那镇对 30 名人员进行了茶叶栽培技术及加工培训; 1998 年, 贵州省工商联和织金县委统战部在官寨乡、茶店乡对 80 名人员进行了鹅饲养技术和防病治病知识方面的培训; 1994~1998 年, 贵州省工商联、织金县委统战部和织金县工商联分 12 期共组织了约 400 人次进行了黑山羊饲养、防病治病、羊圈修建等方面的技术培训; 2003 年, 全国工商联拨款 5 万元, 在苏州市对织金县的 42 名县乡镇领导干部进行了为期一周的理论培训, 使受培训的干部学到了理论知识，开阔了眼界，转变了观念。

1995 年起，先后帮助开办各类培训班，培训县乡干部、中小学教师和各种技术人员 4000 多人。组织民营企业家到织金县招工 30 余批次，输出务工群众 5191 人，带动其他形式输出务工群众 12.98 万人次，达到了"输出一个，致富一户，带动一片"的目的。除了搞劳务输出外，全国工商联还积极援建学校、培训教师和资助贫困学生，同时对农村技术人员和县乡干部的培训工作也开展得扎实有效，在北京、苏州、深圳等地培训织金县乡镇党政主要领导 241 人。如今，受过培训的干部群众已成为引领地方实现脱贫致富的生力军。

全国工商联充分发挥穿针引线作用，勠力为织金招商引资、项目建设搭建平台，拓展民营企业的发展空间。1995 年，河北亨豪集团总裁张江平投资 200 万元相继兴建两家光彩页岩砖厂；2000 年，全国工商联引荐深圳民营企业家黄海林投资 1000 万元在织金洞旅游区修建了天谷山庄宾馆；福建企业家薛进明投资 600 万元在织金县桂果镇开展养鳖项目；2002 年，投资 1000 多万元建成"东方之花生物肥料厂"；2004 年，引入广东香江集团进入织金启动煤炭开采项目；2012 年，科创集团投资 20 亿元建设药业产业园。众多企业的入驻，为织金县域经济增添了活力。

（一）"扶贫先扶智，治穷先治愚"

"扶贫先扶智，治穷先治愚"是 20 多年来全国工商联始终秉承的理念。教育文化落后，劳动者受教育程度低，是贫困地区落后的原因之一。全国工商联把帮助织金县发展教育事业、提高人口素质作为扶贫的根本之策，组织捐资1190万元，先后修建光彩学校教学楼10所（栋、间），资助大学生、中学生、小学生7300余人。特别是1999年，经叔平考察织金县时提出了帮扶工作应立足教育扶贫的构想后，全国工商联、贵州省工商联对织金县的教育扶贫掀起了新的高潮。

"招工扶贫是脱贫致富最快捷和最有效的途径，教育扶贫和科技扶贫是从根本上解决问题的基础，合理开发利用资源、加快经济发展是脱贫致富的根本，干部队伍的踏实作风和观念更新是脱贫致富的关键所在。"在工作中，全国工商联以"输送一人，脱贫一户，影响一片"为工作理念，以"输得出，稳得住，能挣钱，快脱贫，培养人"为工作宗旨，充分利用工商联联系民营企业的主渠道作用，在织金县广泛开展动员和宣传。自2004年4月以来，组织民营企业家到织金县招工30多批，有组织地输出农民工5191人，带动其他形式输出农民工11.8万多人。

全国工商联坚持不懈地资助织金县的文化教育事业，由全国工商联捐赠并组织实施的资助文化教育事业的扶贫活动取得了较大的成绩。1995年捐资15.9万元，修建大平乡光彩小学；1996年捐资10.945万元设立教育基金，资助全县的失学儿童；1996年捐资6万元，修建官寨乡黄泥井如青小学；1998年捐资20万元，修建官寨中学光彩教学楼；

1998 年捐资 2.8 万元，修建四中图书室；1998 年捐资 2 万元，资助贫困小学生；1998 年捐资 12.8 万元，资助贫困大学生 64 人；1998～2000 年捐资 7 万元资助贫困生 584 人，为三甲乡绮结河小学购置课桌椅 120 套，电视机、VCD 各 1 台及部分学习用品等；1998 年捐赠 20 台长虹牌彩色电视机；2000 年捐资 10 万元用于织金县文广局投入"广播信息扶贫网"设备；2001～2002 年经叔平共捐资 2.6 万元建立八步中学"经叔平图书室"，全国工商联机关工作人员向该图书室捐赠图书 1500 多册；2001 年全国工商联拨款 7 万元对织金县的 64 名中学教师进行了英语和计算机应用培训；2002 年全国工商联拨款 5 万元为织金县办教师培训班，培训了 38 名英语教师；2004 年为织金县中小学捐赠了价值 1000 万元的图书。

（二）围绕民生，巩固基层基础

解决织金县群众人畜饮水难的问题是事关老百姓生存的大事，是民心工程。全国工商联长期以来把解决织金县群众人畜饮水难的问题作为扶贫最基础的工作之一。1999 年资助 5.5 万元，在八步镇荣源、沟边三甲绮结河修建小水窖；2000 年引资 30 万元，在大平乡修建小水窖，解决了 500 户 2641 人和 580 头大牲畜的饮水问题；2001 年资助 5 万元，在化起镇、龙场镇修建人畜饮水工程；2002 年资助 10 万元在桂果镇等乡镇修建小水窖工程。

对于大平乡的农民来说，2005 年以前吃水是一个大问题，每天都必须走上几里山路挑水吃。2004 年，全国政协副主席、全国工商联主席黄孟复率全国工商联机关及各工作部门负责人，国务院扶贫办有关部门负责人，北京、浙江、深圳等省市工商联领导和 19 名企业家，对织金县进行了为期 7 天的扶贫工作考察，并捐款 100 万元为城关、官寨、大平、金龙、少普等 6 个乡镇修建小水窖 1000 口，解决了 1000 户 4000 多人口的饮水难问题。到 2014 年底，全国工商联已在织金县投入 250 多万元，帮助农户打小水窖 2600 个，基本上解决了织金县最贫困山区人民的饮水难问题。

全国工商联还多次组织专家学者为织金县的石漠化治理把脉，并下派部门干部到织金县挂职参与指导工作。1998 年以来，先后实施了世界粮食计划署援助的"3356 项目"造林工程、长江中上游防护林体系建设工程、国家"长治"工程、国家生态环境建设重点示范工程、西部大开发退耕还林还草工程、天然林保护工程及山水林田路综合治理工程等。这些工程全面带动了生态建设，累计人工造林保存面积 90 万亩，封山育林 40 万亩，天然林保护管护 180 万亩，全县 25 度以上的坡耕地已退耕还林 12.61 万亩。同时，通过开展绿肥转化利用试验，全县绿肥种植面积一直稳定在 30 万亩左右，转化利用面积从 6 万亩增加到 15 万亩，累计建沼气池近万口。通过抓绿肥种植、转化养畜、配套建设沼气，形成了"绿肥—畜（禽）—沼气—还田（或水产养殖）"的一体化循环生产模式。目前，全县有上万农户率先进行"循环经济"生态住宅建设，形成了一批"绿化+住宅+养殖+沼气+种植”的“五位一体”高标准“生态家园”。

（三）因地制宜，实施种植养殖扶贫项目

织金县的生产基础比较薄弱，全国工商联通过走访调研，科学决策，在织金实施了一系列周期短、见效快、以种养为主的民生项目，合理利用和开发当地的自然资源，资助当地农民开发荒山，种植利于生态和有经济效益的植物、养殖牲畜，使山区贫困农民靠山也能富起来。

全国工商联对织金的帮扶充分考虑周期短、见效快、以种养为主的科技含量高的一些示范项目，如投入30万元实施种植养殖示范项目，在普翁乡建立五倍子中药材基地；在茶店乡实施养牛项目；在官寨乡养鹅；在普翁、三塘养黑山羊；在猫场种植竹荪、在桂果养猪等，还支持织金县工商联办综合养殖场养猪、养鸡。结合整村推进，联系华中农业大学专家、北京种子商会的专家去织金县考察，北京的专家们用良种良法在麻窝村试种优质果木蔬菜，取得成功后，再逐步推广。为了给在织金县实施的种植、养殖、加工科技示范项目提供技术人员，全国工商联在实施项目的同时，共为织金县开办各类培训班30多期，培训各类技术人才1110名，其中培训科学养猪技术人员510名，黑山羊饲养防病技术人员400名，茶叶栽培、竹荪养殖人员200名。

在全国工商联的推荐下，江苏友好集团总裁马希惠先生出资3万元，资助织金县三塘镇川洞村民养殖黑山羊，使该

村养殖户人均收入增加 260 元。2001 年 10 月，全国工商联副主席张绪武率全联和省工商联有关部室负责人到织金考察扶贫工作情况。考察期间，捐款 20 万元给织金作为小水窖建设经费，为化起镇、龙场镇兴建人畜饮水工程。2002 年，全国工商联资助 10 万元，引资 30 万元，为织金县桂果等乡镇兴建小水窖工程，特别是在大平乡修建的 500 多口小水窖，解决了 500 户共 2641 人和 580 头大牲畜的饮水难问题。

2009 年，黄孟复视察织金时，确定了向织金县捐赠 1000 万元的滚动扶贫资金，在织金县开展试验性、金融性滚动帮扶项目，用于解决农户生产项目的启动资金困难问题，同时加强受帮扶农户的信用意识、市场意识并提升其信用度，以"让农民更有幸福感，生活得更有尊严"为目标。这些帮扶资金先后于 2009 年在熊家场乡实施了 67 万元的生态猪养殖项目，2010 年在三甲乡实施了 560 万元的千亩葡萄生态示范园项目，2011 年在熊家场乡实施了 100 万元的腊肉烘烤房项目，在熊家场乡和三甲乡实施了 300 万元的种（养）植滚动扶贫项目。

既送项目又送思想、送观念、送思路、送方法是全国工商联帮扶工作的亮点。在全国工商联最早开始实施项目帮扶的三塘镇，现在全镇适合养殖的地方都能找得到黑山羊的身影；在熊家场乡白马村，虽然全国工商联具体帮扶的养殖户不多，却带动了很多农户加入养殖队伍，并且这些农户会根据市场行情、国家政策适时调整自己的养殖规模。目前，白马村全村共有 68 户农户进行规模化养殖，直接拉动投资

100 余万元，带动投资 50 余万元，为全村农户户均增收 1500 元左右，效益突出的有杨创、张龙敏等农户，达到了"造血式"滚动扶贫的效果。同时，还带动了熊家场乡腊肉加工业的大发展，目前熊家场乡就有 20 余户腊肉加工企业，仅李氏腊肉加工厂每年可生产、销售腊肉 6 万余斤。

2009 年，倡导民营企业家募资 1000 万元在织金实施金融性滚动帮扶项目，向 79 户农户实施小额无息委托贷款 467 万元以发展农业生产项目；投资 560 万元在三甲实施葡萄种植 1000 亩。实施"同心·助农"融资担保项目，由全国工商联与织金县共同出资 1000 万元，解决农户、农民合作社、小微民营企业审贷时无抵押、无信用评级等困难和障碍。搭建与广东统一战线合作的平台，广东统一战线在织金顺利开展"同心扶贫牵手行动"，2012 年对织金捐资捐物折价 1350 万元，在 6 个乡镇 10 个村开展"造血式"扶贫。

一件件实事，一项项举措，是全国工商联历届领导人始终坚持群众路线，始终坚持同心引领，始终紧扣织金实际，心系情牵，不离不弃，先行先期，改革探索的结果。

如今，织金已探索并走出了一条开发与扶贫并举，生态恢复与建设并进，人口数量控制与质量提高并重，对内搞活与对外开放并行，同心实践与民生普惠并随的改革试验新路。

全国工商联 25 年的真情帮扶，唤醒了织金沉寂多年的大地，也吸引了更多关注的目光。

1994 年，安徽太岛集团无偿投资 15 万元薄荷种苗在城关、猫场、珠藏、中寨等乡镇试种 3 万亩。1995 年，河北亨豪集团总裁张江平投资近 200 万元建立了"织金光彩砖厂"。2000 年，福建薛进明投资 600 万元在织金县开展试验养鳖项目；民营企业家黄海林投资 1000 万元在织金洞兴建了天谷山庄。2005 年，香江集团董事长刘志强投资 245 万元与县政府合股建立了"织金香江新能源投资开发公司"，引进"中农合创项目"。2009 年，京澳港集团投资 50 万元在 10 个村修建了 10 个光彩卫生室，同年，引入江西众一集团在织金县投资 500 多万元建设了煤炭资源开发项目，至 2014 年，该企业在织金县投资近 30 亿元。2012 年，引入四川科创集团入驻织金县，拟投资 18 亿元建设药业产业园。2013 年，引入山东省威海市福州商会在织金县投资 10 亿元建设金鹏大道。2014 年，全国工商联为织金红托竹荪基地的建设提供 300 万元的帮扶资金。

25 年来，全国工商联帮扶织金县的步伐从未停止，从教育、科技示范、人畜饮水工程、招工、"光彩事业"项目、帮助培训乡镇干部及各类人才、调查研究、建言献策等方面多角度给予了织金县无私的帮助，为织金县的经济社会发展提供了强劲动力。在扶贫春风的浸润下，一幅经济发展、生态和谐、社会进步的织金科学发展画卷正徐徐展现在世人眼前。

全国工商联在织金开展的扶贫工作，从投入主体上，充分体现了"同心"品牌的理念和内涵：一方面，全国的非公有制经济人士，积极响应中央统战部、全国工商联的号召，围绕中心、服务大局，积极投身毕节试验区建设，慷慨捐款捐物、履行社会责任，充分体现了广大非公有制经济人士与党同心同德、同心同向、同心同行的要求；另一方面，全国工商联领导干部与织金县的干部群众"心连心"，全国工商联干部职工多次为织金百姓捐款、捐衣、捐书，不少领导都曾在织金采取结对帮扶的形式资助贫困学生，全国工商联的历任主要领导都曾亲临织金考察调研，尤其黄孟复主席、全哲洙书记，不仅多次实地视察，还亲自指导当地经济社会发展、亲自联系民营企业家为织金的扶贫工作做贡献。

在全国工商联的鼎力支持下，织金着力开展了科技扶贫、教育扶贫、世行项目扶贫、小额贷款扶贫等工作，产业培育有了新成效，社会事业有了新进步。

在帮扶过程中，全国工商联为织金的生态建设出谋划策，多次组织专家学者为织金的石漠化治理把脉，并下派部门干部到织金挂职参与指导工作的开展。

2008 年，全国工商联组团考察熊家场腊肉项目；2009年，全国工商联投入 2500 万元进行帮扶，推动了熊家场乡的腊肉产业发展。在全国工商联的倾情关怀下，熊家场乡结合本乡实际，以产业方式来运作，积极行动，引进懿鑫农业生态有限公司，后者斥资亿元，运用"园区＋养殖户"模式，在白马洞村建立了腊肉加工产业园区，发展腊肉加工及其配套产业。目前，该园区腊肉加工产业初显成效：占地100 多亩，工程投资 3.5 亿元，全钢架结构厂房，集"产仔、饲养、屠宰、烘烤、包装、销售"于一体的一条龙腊肉加工园区即将投入使用，预计年产量达 500 吨，年产值达 2000 万元，并可解决 2000 个劳动力的就业问题。白马洞村建有两个私人养猪场，共占地 7000 多平方米，现有猪 400 多头。在产业园区的带动下，白马洞村充分调动党员创业能手的积极性，带领村民大力发展养猪业，促使达到人均养猪 20~30 头，让大家一起致富，共享小康生活。

熊家场乡生产出的腊肉除了在本区本省销售外还将远销大连、深圳，真正是飞出了家门口，成为村民致富的"摇钱树"。腊肉加工富了农民、强了乡镇，腊肉产业的驱动，让熊家场乡的小康梦不再遥远。

（四）扶贫帮困显成效

全国工商联捐建光彩学校 14 所、电脑室 6 个、图书室 2 个、文库 13 个、图书 100 万册，资助贫困学生 8000 余人。开办各类培训班 40 多期，培训中小学教师和农业技术人员 6000 多人次。此外，全国工商联连续多年在北京、苏州、深圳等地举办乡镇干部培训班，培训织金县乡镇（街道）领导干部 308 人次。

捐建"同心光彩水窖" 2000 多口，解决了近 1.5 万人的饮水困难问题。捐建村级"光彩卫生室" 10 个，解决了 10 个村 2 万余人的就医难问题。捐赠价值 500 万元的农用肥料，用于水稻、西红柿、烤烟、葡萄和竹荪等农作物种植，受益群众近 10 万人。

在织金县普翁乡、三塘镇、以那镇等地建立了五倍子培育基地和养牛、养鹅、养黑山羊、养猪、竹荪种植等基地，组织民营企业在织金招工 30 余批次，输出农民工 5191 人，带动农村劳动力输出 12.98 万人次。

2009 年起，先后投入 1027 万元在织金县开展金融性滚动帮扶项目，采取两种方式解决农户生产项目的资金困难问题：一方面是由工商联与农村信用社签订委托协议，由农村信用社面向农户发放小额无息贷款，到期返还、滚动发展，用于扶持以家庭为单位的农业生产项目；另一方面是由工商联与专业合作社签订协议，将资金拨付给合作社，为专业合作社社员统一购置生产资料，由合作社回笼资金，继续用于其他项目的滚动发展。

在全国工商联的支持帮助下，自 1995 年河北亨豪集团投资近 200 万元建立织金光彩煤厂和织金光彩页岩砖厂以来，全国工商联共帮助织金县累计实现招商引资签约资金 537.86 亿元。

20 多年来，全国工商联先后选派多名干部到织金县挂职帮扶，这些帮扶干部在参与全县经济社会大政方针制定及执行的同时，按照"五有五好"标准，不断加强工商联软硬件建设，强化工商联职能作用的发挥，加大"建商会、引企业、交朋友"力度，解决了一些长期影响基层商会建设发展（如领导干部配备、办公用房用车、基层商会建设等）的问题。

（五）白马奔腾——建设美丽新农村

自 2009 年以来，全国工商联开始对织金县熊家场乡白马村进行扶持，积极探索新时期扶贫工作的新模式，从"输血式"扶贫逐渐转向"造血式"扶贫，努力培育群众市场意识、科技意识和金融意识，打造贫困地区内"造血"功能，实现经济效益和社会效益的双丰收。

白马村位于熊家场乡西，全村可耕地面积 1260 亩，总人口 525 户 2630 人，属典型的人多地少的少数民族村寨。作为全国工商联定点扶贫的熊家场乡白马村村民，真切感受到了全国工商联帮扶所带来的巨大变化。2009 年被列为全国工商联扶贫点后，乡村两级组织紧紧抓住机遇，充分整合资源，通过订单拉动、资金滚动、土地流转、企业带动等模式，推动了全村经济社会的发展。现建有 2000 亩茶叶种植基地、200 亩养心草石漠化治理及生态农业科技示范基地、3 个生猪养殖繁育基地、1000 亩红缨子高粱订单基地等党建示范基地，成立了 2 个养殖专业合作社，带动了全村发展，人均收入增加 150 元以上，达到 2957 元。

资金滚动，推动生猪养殖发展。2010 年，全国工商联资助 67 万元滚动帮扶农户发展生猪养殖业，按每户 10～20 头（个别养殖能手为 50 头或 100 头）、每头 300 元的标准，以一年为限无息借贷给 158 户购猪进行生产活动（其中最少的 3000 元，最多的 30000 元，户均 4254 元），到期后及时归还本金用于帮助其他农户，如有需要可再办理借贷手续

继续使用。第二期资金发放给了 18 户农户，最多的贷款 8
万元，最少的贷款 3 万元，涉及 3000 多头商品猪的养殖规
模，出栏 1000 头左右，为全村农户户均增收 1500 元左右。
同时，养殖的示范效应逐步显现，全村共有 68 户农户进行
规模化养殖，直接拉动投资 100 余万元，带动投资 50 余万
元。2011 年 12 月，全国工商联又投入 50 万元帮助该村 34
户发展种养殖业。通过资金滚动帮扶，全村现有畜禽养殖户
150 多户，成规模生猪养殖场 3 个，专业养殖合作社 2 个，
生猪年存栏有 2300 多头，年销售额有 80 多万元。同时，还
成立了熊家场乡白马村杨闯养殖专业合作社、道森特种养殖
专业合作社，养殖户根据自愿入会的原则加入合作社，会员
年收入达人均 5000 元。

订单拉动，探索新型种植模式。白马村与贵州习酒厂签
订红缨子高粱订单农业种植基地协议，保底价为 3.8 元/公
斤，待收购时如市场价格低于保底价则按保底价格收购，如
市场价格高于保底价格则按市场价格收购。2011 年的 1000
亩红缨子高粱经农牧局实地测量平均亩产 450 公斤，最高达
500 公斤，习酒厂已按 4.00 元/公斤的价格从种植农户手中
收购，农户仅此一项收入就达 180 万元。

土地流转，转变土地经营形式。通过引进的兴高能源、
贵州群峰、乌江源等公司与农户签订土地流转协议，每年由
公司按 200 元/亩的标准将流转费用给农户，再由公司返聘
土地流转农户在所流转的土地上种植茶叶、养心草等特色农
产品，分年度付给种植费、田间管理费、肥料费、作物采收

费用等，使农民转化为农业产业工人。该村现已流转土地种植茶叶 1000 亩、养心草 200 亩。

企业带动，实行"公司+基地+农户"模式。引进的兴高能源、贵州群峰、乌江源等公司通过"公司+基地+农户"的生产模式，带动村民大力发展生猪养殖和茶叶、养心草、高粱种植，建成茶叶基地、生猪养殖基地、养心草石漠化治理及生态农业示范基地、高粱订单农业基地等，促进该村村民在思维模式、种植模式、种植品种、销售管理等方面的转变，树立求新、求变的发展意识，推动了经济社会发展。

2010 年，京澳港集团投资建设了白马村光彩卫生所，解决了群众看病难的问题。2011 年 12 月，全国工商联帮扶 100 万元的熊家场乡腊肉烘烤房建设项目启动实施，项目的建成有力地扩大了熊家场乡腊肉的生产和销售量，并进一步带动白马村当地养殖业发展，实现群众在家致富。

情系织金，此爱无疆。随着全国工商联帮助织金县的力度进一步加大，织金县正以此为契机，加大了各方面的发展，不断向全面发展的更高目标进发。全国工商联在织金县智力扶贫、试验性扶贫、助推扶贫等方面取得新成效的同时，织金已然成为全国工商联探索扶贫、干部教育培训的基地。

第六章 "智囊团"送来"金点子"

——试验区专家顾问组帮扶事例

为推动毕节试验区的建立和实现科学发展，1988年4月，时任贵州省委书记胡锦涛代表中共贵州省委、省政府，邀请中央统战部、国家民委、各民主党派、全国工商联智力支边协调小组对毕节地区开展智力支边工作，中央智力支边协调小组接受了这一邀请，此举奠定了试验区专家顾问组成立的基础。

1989年9月，毕节地区委派行署负责同志率有关部门赴京向中央智力支边协调小组汇报试验区的建设工作，同时吁请组建毕节试验区专家顾问组，以帮助毕节实施好《毕节地区开发扶贫、生态建设试验区发展规划》。中央智力支边协调小组欣然答应了请求，并由统战部五局的同志转告农工党中央委员常近时教授，委托其负责第一届顾问组的筹建工作。随后，中央智力支边协调小组在北京举行会议，讨论年度智力支边工作任务和大力支持贵州毕节地区开发扶贫、生态建设试验区发展等问题，正式批准由中共智力支边协调小组牵头，各民主党派中央、全国工商联等抽人，共同组建"支援贵州毕节试验区规划实施顾问组"。

9月20日，中央智力支边协调小组在京召开"支援贵州毕节试验区发展规划实施顾问组"成立大会。会议由时任九三学社中央副主席徐采栋主持，中央智力支边协调小组组长万绍芬、副组长张竹等同志出席了会议。顾问组由全国政协副主席、民盟中央副主席钱伟长任组长，杨纪珂、徐采栋、常近时任副组长，王之泰、王明俊、关毓秀、刘孝坤、吴春江、胡敏、任华巽、袁子恭、冯忠良、童景山、颜本松等为成员，并成立办事机构，负责联系工作；同时，毕节试验区向顾问们颁发了聘书。由此，毕节试验区专家顾问组正式成立，拉开了顾问组与毕节的干部群众合作共建试验区的序幕。

毕节试验区专家顾问组是由中央智力支边协调小组组织领导、各民主党派中央和全国工商联选派高层专家联合组成的智力集团，是为毕节试验区实现发展目标而设立的智力支援机构。

顾问组对毕节试验区的智力支边工作包含了多党合作和政治协商的丰富内容和形式，使智力支边和参政议政、政治协商相结合。

试验区专家顾问组成立不久，时任全国政协副主席、民盟中央主席钱伟长，就作为首任中央智力支边支援毕节试验区专家顾问组组长，率领由各民主党派中央选派的专家教授，踏上了毕节这块贫穷又而充满希望的土地，为改变毕节贫困落后的面貌出思路、谋发展，为毕节的发展大方向把脉，为毕节的广大干部群众带去新思想、新观念，为毕节的发展从体制、机制的创新上进行谋划。

如何有效地开展对毕节试验区的帮扶工作？经过认真讨论，顾问组专家们达成共识：首先要利用顾问组拥有的专业结构全面、科技视野开阔、无地域观念束缚等强劲优势，帮助贫困地区建立起一套完整的发展规划，包括发展模式、经济支柱的选择和建立，以及根据经济形势的发展变化适时进行调整。专家顾问组认为，解决毕节的贫困问题是一项长期性系统工程，必须从毕节的实际出发，在国家改革开放的大环境、大形势下，理清发展思路，制定地区的中长期发展规划，使毕节在科学、健康的道路上持续发展。

毕节试验区建立30多年来，专家顾问组围绕"开发扶贫、生态建设、人口控制"三大主题，着眼于毕节试验区改革发展的全局，帮助毕节制定和论证了若干个对毕节试验区发展影响巨大的规划，并对规划实施中出现的具体问题提出了许多有益的建议和意见，对规划实施情况进行了调研，对在新形势下如何进一步推动各项工作提出了建设性意见。针对喀斯特山区如何发展、如何解决人与自然和谐依存、未来制度如何创新等问题，在毕节试验区平台上开展了多方面的试验，通过试验示范的实践，形成了大量的研究成果。

一　智力支持

试验区建立后，专家顾问组始终坚持深入调研、把握区情，运用战略眼光、先进理念和最新科技成果，帮助毕节试验区绘就发展草图。

一是参与规划论证。专家顾问组充分发挥智力密集优势，帮助试验区制定规划实施方案 40 余则，召开规划评审会、论证会、推进会 60 多场，提出合理化建议 170 余条，保证了试验区发展战略的连续性和科学性。

1989 年，顾问组成员参与编制了《毕节地区开发扶贫、生态建设试验区发展规划》，并在其后帮助制定出《1990~1992 年试验区实施方案》，在规划实施中，针对出现的问题建言献策。1995 年，帮助制定和修改《毕节试验区国民经济和社会发展"九五"计划及 2010 年长期规划》，提出毕节在发展"两烟"的同时，应逐步培育其他支柱产业，形成多元化发展格局的建议。1997 年，参与制订《毕节地区畜牧产业发展战略暨规划》，规划选择畜牧业和畜产品加工业作为"两烟"与乡镇企业的后续支柱产业加以培植。2002 年初，专家顾问组在深入调研的基础上，与毕节地区共同商议制订《2001—2005 年毕节试验区人口控制工作五年计划》。2005 年 4 月下旬，专家顾问组分 4 个小组，就试验区"十一五"规划纲要、控制人口数量和提高人口质量、畜牧产业发展规划和教育事业发展规划进行考察论证，提出

30多项意见和建议。20余年来，在专家顾问组的帮助下，《毕节地区开发扶贫、生态建设试验区发展规划》《试验区"十五"人口控制规划》《毕节试验区畜牧业发展规划》《毕节试验区绿色产业发展规划》《毕节试验区2004—2010年教育事业发展战略规划》《毕节试验区改革发展规划（2008—2020年）》等规划得以在北京通过高层论证。

二是提供决策参考。时时对试验区发展提出建议和意见，帮助试验区科学决策。提出了"把扶持小微企业发展作为新时期推动试验区民营经济增长的重要支撑"建议，毕节现已制定扶持小微企业发展的实施意见，建立小微企业孵化园，一批小微企业正在逐步发展壮大，逐渐成为试验区民营经济发展的排头兵。在统一战线的建议推动下，试验区从众多产业方式中筛选出"两烟"、生态畜牧业、生态林果业、中药材、煤电一体化等作为试验区发展不同阶段的支柱产业和特色产业。

三是呼吁高端支持。通过简报、书信、协商、访谈等方式，12次向中共中央、全国人大、国务院、全国政协汇报试验区现状及需要关注和解决的问题，中央领导同志19次做出重要批示，国家层面更加重视试验区建设。先后向中央呈报了《关于毕节地区草海治理与保护的建议》《关于尽快在我国西南喀斯特岩溶山区继续实施退耕还林试点工作的建议》《民建中央在贵州毕节试验区发展帮扶工作的汇报》等，都分别得到中央领导的重要批示。

四是组织专家学者赴毕节开展讲学、培训。在试验区建设进程中，第一、二、三届顾问组组长钱伟长和第四届顾问组组长厉以宁，常务副组长常近时，副组长朱培康、胡敏等，多次率顾问组成员和专家学者赴毕节考察调研，开展讲学、培训。派出专家教授赴毕节讲学，北大光华管理学院、清华大学等著名高校在顾问组的牵头协调下，以专门为毕节县处级干部办培训班等方式，帮助培训各类干部3万多人次，提高了毕节干部领导经济社会发展的能力。

1990年7月，专家顾问组常务副组长常近时邀北京农业工程大学有关专家教授，在毕节举办培训班，培训地、县两级计委、经委、农委、扶贫办、乡企局、民委等有关部门项目管理人员共80人；2007年，顾问组启动新农村建设"2328"工程，为毕节试验区新农村建设培训县乡干部上千名，并安排顾问组成员王旭教授率黔西、金沙两县的30多名县、乡镇、村干部赴山东、河北等地考察和学习培训。此外，还帮助发展教育事业和开展技术技能培训，近10年累计培训教师10万余人次。面向基层培训专业技术人才和农民工20多万人次，提高了群众的科学文化素质和劳动技能。引进资金新建和改扩建中小学、职业学校100多所。积极推动基础教育、职业教育和高等教育的发展。在顾问组的倡导和推动下，各民主党派组建百人教授团对毕节学院进行对口支持和帮助，为学院成功申办综合性本科院校提供了有力支持。

2009年4月14日，中央统战部组织召开"4·14"会议后，试验区专家顾问组派员多次深入毕节试验区考察调研，加大了对试验区各项工作的指导力度。2010 年 6 月 28 日，中央统战部在北京牵头召开了统一战线参与毕节试验区建设联席会议第三次全体扩大会议（"6·28"会议），会上确定以"同心"工程为品牌，推进统一战线参与毕节试验区建设。自此，"同心"工程成为统一战线服务科学发展的重要载体。

二　项目建设扶持

在试验区建设发展的历程中，专家顾问组坚持不懈地多方协调引进重大建设项目，以改变试验区交通、电力等基础设施和工业基础极为薄弱的状况。先后组织 492 批 5390 人次的专家学者、企业家到试验区开展帮扶工作，协调项目 600 多个，涉及资金 1280 亿元。

自试验区建立起，专家顾问组就通过各种渠道呼吁国家和社会各界对试验区优势资源的合理有序开发予以关注，推动了隆黄铁路、贵毕高等级公路、黔北火电厂、纳雍火电厂、黔西火电厂、大方火电厂、洪家渡水电站、索风营水电站、引子渡水电站、毕节煤电磷一体化项目相继开工建设；促成贵州科学院发明专利与地区发展相结合、毕化有限公司"6 改 12"项目争取、毕节驰牌香烟保牌、毕节学院申报成功与建设、毕节市和大方县等被列为全国秸秆养畜示范县、全区以工代赈规模扩大、黔西县开展新型养殖试点；促成建立毕节喀斯特山区生态建设关键技术研究与应用国家攻关课题专家委员会、建立毕节试验区高效生态工程示范基地；促成国家人口与计划生育委员会将毕节作为支持重点，深圳市多层次、多领域开展对毕节试验区的帮扶；促成新澳、香江、江西众一集团等强势企业集团到毕节试验区投资开发。协调引进年产30万辆卡车的力帆时骏项目在毕节建成投产，有效带动了相关产业集群的形成。协调引进数以百计的农业产业化、特色旅游和重大科技示范项目，推进了农业产业化进程和服务业发展。

顾问组在全区直接斥资或联系援建的各类学校有10余所。1997年，专家顾问组倡导捐资20多万元在毕节兴建毕节地区实验学校。试验区建立后，第一至三届专家顾问组组长钱伟长在大方县捐资修建了大方县实验中学，第四届专家顾问组组长厉以宁在毕节捐资修建了杨家湾希望小学、宗琳希望小学。专家顾问组成员刘玉红与办公室负责人安永成引进高秆菠菜项目，顾问组成员王苏波投资实施"中农合创"项目，顾问组成员王旭无偿引进名优植物香花槐、优质樱桃和甜糯玉米项目，通过组织实施，均收到显著的扶贫效果。

三　宣传推介试验区

试验区专家顾问组成立后，发挥智力资源、信息资源、人际关系资源等优势，加强与国务院办公厅和有关部委的联络联系，积极向党和国家领导人汇报关涉毕节试验区长远发展的重大事宜，使毕节试验区建设受到党和国家领导人的关心和重视，得到国家有关部委的大力支持和帮助。顾问组在功能上上传下达，直接向中央有关部门和贵州省委、省政府反映试验区发展过程中的困难和政策要求，就事关毕节试验区全局的重大发展问题，向地区的领导提出有益的意见和建议，成为中央、省与试验区之间的重要联系渠道，成为毕节试验区发展的重要有利条件之一。顾问组就有关喀斯特地区贫困的共性问题多次呼吁上报党中央、国务院、全国人大、全国政协，宣传了毕节、提升了毕节的知名度，推动了毕节改革开放的步伐，促进了中央各部委和社会各界对毕节的了解、关心和支持。

顾问组的经验充分说明，各民主党派积极持续地参加支边扶贫社会实践活动，能够加深对国情、民情的了解和认识，加深对社会主义初级阶段基本路线、基本纲领的认识和理解，加深对参政党性质、地位和历史使命的认识。正如顾问组专家们在总结智力支边过程中思想认识方面的收获时所说："我们所从事的事业是报效祖国和人民、致力于中国特色社会主义建设的神圣事业。十几年智力支边的奉献过程，也是我们民主党派知识分子思想、精神境界不断升华的历程。"

毕节试验区专家顾问组是一个规范化的智力支边组织机构，其制度设置中包含了能够把智力支边和参政议政工作结合起来的运行机制。毕节试验区专家顾问组的经验表明，把智力支边和参政议政相结合，一方面，使智力支边工作更规范有序，区别于一般社会慈善团体的扶贫工作，体现出鲜明的政党属性，具有了更深刻的政治含义，从而对社会主义民主政治建设起到积极促进作用；另一方面，也拓宽了民主党派参政议政的途径和渠道，使参政议政更具有针对性、有效性，使参政议政、民主协商的成果更容易被纳入决策程序。

中央智力支边扶贫协调小组积极组织协调各民主党派对贵州智力支边并大胆探索推进相关的制度建设，是毕节试验区专家顾问组组建和成功开展工作的前提条件；贵州省委、省政府和毕节地委、行署的领导同志大力支持顾问组在试验区开展工作，并建立有效的工作机制密切配合，为顾问组开展工作提供了良好的环境和条件，是顾问组工作取得成功的关键。顾问组每年到毕节考察调研之后，都要返回省会贵阳，参加由省委、省政府和省有关职能部门主要领导出席的座谈会，汇报试验区的工作。省委领导曾亲自参与顾问组座谈，认真听取顾问组专家对毕节试验区工作的意见和建议。为确保顾问组工作通畅、富有成效，贵州省委、省政府把省智力支边扶贫领导小组、省委政策研究室确定为具体负责日常性联络工作的机构。顾问组在毕节智力支边工作的成功经验说明：充分发挥好执政党的主导作用，是推进新时期多党合作的关键，也是在实践中不断加强多党合作制度化、规范化和程序化建设的关键。

顾问组对毕节试验区的智力支边工作包含了多党合作和政治协商的丰富内容和形式，使智力支边和参政议政、政治协商相结合。参政议政是各民主党派作为参政党的基本职能，各民主党派参政议政的主要形式有：参加国家政权、就经济社会发展的重大问题进行调研、提出建议和提案、建立参事制度等。政治协商是中国共产党领导的多党合作和政治协商制度的重要组成部分，是我国政治生活中发扬社会主义民主的重要内容。政治协商的形式主要有：民主协商会、谈心会、座谈会等，政协委员在政协会议上的提案也是政治协商的一种重要形式。

四 古胜——绿化示范村的生意经

古胜村位于黔西县素朴镇最东面，与贵阳市修文县六广镇隔河相望，是毕节试验区的东大门，海拔在 800~1500 米，属典型的喀斯特地貌山区。由于土地贫瘠，人口众多，村民为了填饱肚子，毫无节制地毁林开荒。十多年前，古胜村的森林覆盖率不到10%，"只见大山不见树，只见石头不见地""石头越长越高，土地越种越薄"是当时古胜村的真实写照。长期掠夺式、粗放型的生产方式让群众尝尽了苦头。

2006 年，古胜村被列为专家顾问组定点联系帮扶村。专家组通过详细的调研认为，古胜村的基础较差，但是特殊的地貌和差值较大的海拔又让古胜村具有了一定的代表性，在今后开展的试验项目中，可起到示范指导的作用，也能通过这个点，给全区、全省乃至全国的喀斯特地貌地区探索出一条可持续发展的路子。专家顾问组依托古胜村为平台，围绕生态建设和扶贫开发两大课题，尝试性地进行经果林、旱熟甜糯玉米、养牛、养羊等特色种养殖业的探索，实施石漠化治理，使古胜村群众的生活水平逐年得到提高，村容、村貌得到较大改善，为贫困喀斯特山区探索出一条可持续发展的路子。

帮扶之初，专家顾问组按照"高海拔自然恢复，中海拔退耕还林，低海拔种经果林"的思路，对古胜村的生态环境进行"立体式"恢复。在低海拔、土层较厚的地带要种植玉米、小麦等农作物以保证粮食安全；往上的中海拔地带种植早熟柑橘、薄皮核桃、烟台紫色樱桃等树种；而中高海拔、土层较薄的地带种植牧草发展林地养家禽。这样的分带发展可让不同海拔的土地都能发挥充分的作用，让有限的资源得到更大的利用。至 2014 年累计退耕还林 3038.5 亩，石漠化治理 710 亩，种植经果林 2937.5 亩，生态林自然恢复 3400 亩，森林覆盖率达到 55.4%。村里成立了生态文明建设保护委员会，聘请了生态文明建设义务监督员，对村里的山、水、林、田、路实施精准保护。如今古胜的山变青了，水变绿了，以前光秃秃的"和尚山"都变成了披发的"美女山"。古胜村也因此获得了"第一届阿拉善生态田野奖"和"绿化毕节示范村"等荣誉称号。

在以前的古胜村，有这样一段顺口溜："平井无井水，石头挡脚梁；吃着屋檐水，穿着破衣裳；走的毛狗路，住的权权房；一年苦到头，没得半年粮。"当时的古胜村以种植玉米为主，由于生态环境恶劣，刀耕火种的方式换来的往往是广种薄收，如何填饱肚皮是摆在古胜村群众面前的一道难题。

在专家顾问组的帮扶下，古胜村完成高位水池的改造修复，铺设自来水管道 10500 米，修建水池（水窖）67 口，解决了 318 户 1268 人的饮水问题；完成农村危房改造 57 户、生态文明家园建设"黔西北民居"485 户；硬化院坝 3760.6 平方米、连户路 4176 米；建设沼气池 310 口，改厕、改灶、改圈 310 户，修建垃圾池 80 个。

2006 年的一天，天刚蒙蒙亮，古胜村里就来了几位风尘仆仆的老人。他们就是毕节试验区专家顾问组王旭教授一行，是来为古胜村的发展把脉问疾的。从这一天起，专家顾问组的专家和教授们就爱上了这片土地，他们依托古胜村低海拔的优势和温湿的气候，先后引进并种植宁波杨梅 75 亩、美国甜桃 150 亩、五星枇杷 160 亩、樱桃 1090 亩，还种植了温州蜜橘、山樟子和甜柿子等。每到樱桃成熟的季节，都会有大批的游客前来观光尝鲜，尽情享受采摘的乐趣。一棵棵果树苗壮成长，成为村民们的"摇钱树"和"幸福树"。

尝到了经果林的"好果子"后，古胜村在专家顾问组的帮扶和支持下，聘请省内外专家开展了 10 余次种植专题培训，选拔和培养懂技术、会管理、责任心强的群众组建农民讲师团，在全村巡回开展经果林种植、嫁接、剪枝、病虫害防治等适用技术培训，为全村 2000 多亩经果林注射了"预防针"和"强心剂"，提高了农民的技术和本领，使古胜村大部分群众实现了从"粮农"到"果农"的蜕变。

专家顾问组在古胜村探索和试验过许多项目。专家顾问组农林水利组组长王旭教授曾在一次古胜村召开的座谈会上指出："专家顾问组在这里实施的项目，允许成功，也允许失败，目的是不断探索和实践，为贫困地区发展探路子。"

古胜村早熟甜糯玉米种植就是这样的一个项目。古胜村早熟甜糯玉米自 2013 年开始种植，种植面积 54 亩。2014 年增加到 305 亩，2015 年扩大到 500 亩。低海拔的气候优势使得古胜村的早熟甜糯玉米更加"早熟"，加之紧靠贵毕公路，古胜村产出的甜糯玉米不仅不愁销路，还能卖上好价钱，2015 年亩产达到 1 万元左右。

在指导种植早熟甜糯玉米的同时，专家顾问组还充分利用早熟甜糯玉米的秸秆，发展 30 户养牛示范户，并配套打草机、消毒器等设备。古胜村通过早熟甜糯玉米的种植，不断探索和总结出"4 个一"的成功经验，即"一亩甜糯玉米产值一万块，一亩秸秆一万斤，一亩秸秆养一头肉牛，养一头肉牛得一万元"。

古胜村地处六广河西岸，与贵阳市仅一河之隔。古胜村又是一个人口大村，常年均有相当一部分人在贵阳、修文等地做生意。自从古胜的环境发生变化后，很多古胜人都回到了家乡，在家门口、在贵毕公路古胜生活服务区里面做起了生意。

贵毕公路古胜生活服务区是专家顾问组协调、素朴镇党委政府通过招商引资的方式，引资约 1000 万元建设的综合服务区。该项目自 2014 年 5 月启动建设，共 32 个门面，以饮食服务为主，解决了古胜村水果及农特产品就近就地销售的问题。

村民陈万才，常年在贵阳一带做小生意。2014年，在得知贵毕公路古胜生活服务区建成后，在外奔波辗转10余年的他回家在古胜服务区租了一个门面，搞起了饮食服务，每月有五六千元的纯收入。平时家人都在这里帮忙，节假日还要临时请小工，一家人忙得不亦乐乎，倒也其乐融融。

从十多岁就开始卖水果的陈启军，在高速路上卖了头十年的水果，虽然能赚点钱，却承担着极大的安全风险。"现在有了服务区，就不用提心吊胆地在高速路上卖水果了。"陈启军高兴地说。

修文人张仕学投资1000多万元按三星级标准在古胜村修建了六广河驿滨酒店，酒店可提供住宿床位50个，就餐席位200个，带动就业10余人，主要接待六广河旅游区和古胜城风景区的游客。

古胜村外出务工成功人士张生正夫妇成功创办浙江省浦江县极冰石水晶工艺品厂后，2014年毅然决然地回到家乡流转土地100余亩，成立了"黔西县百果汇种植园"专业合作社，种植车厘子6亩、李子30亩、桑果10亩、试种黄李子8亩等，每年促进富余劳动力就近、就地就业16人，解决了部分留守儿童和空巢老人家庭等社会问题。

修文人张剑华投资开办的青龙岛山庄，环境优美，景色宜人。为把生意做得更大，张剑华出资50余万元硬化了古胜城桥头到山庄的1公里道路。

2014年，古胜村已注册小微企业8家、农民专业合作社4个。古胜村被列为示范小城镇镇村联动行政村，年内将启动实施 736 县道油化、栽种行道树、安装太阳能路灯、恢复重建阳明古渡及 6 公里通村联组路硬化等项目建设。

"昔日权权房，今朝小洋楼；曾经毛狗路，今天小康道。"走在村里，清风袭来，鸟鸣山幽，果实满山，随处可见村民自办的农家果园和别墅式的农家小院。专家顾问组总顾问常近时到古胜村，都非常留恋这里优美的环境，并于2011 年在冯长书家中留下"科技示范结硕果，古胜新村展新容"的诗句。如今的古胜村，不仅不再贫穷落后，还为喀斯特贫困地区探索了一条可持续发展的路子。曾来古胜村考察的省市领导感叹地说："古胜村实现了生态效益、经济效益和社会效益的有机结合，是毕节试验区的缩影，第二个海雀村。"

回顾试验区 30 多年的风雨征程，各民主党派中央、全国工商联主要负责人多次亲临毕节，并把重要调研成果向中央负责同志反馈、进行协调。中央统战部从各党派、工商联及无党派人士中抽选德高望重的专家牵头组建顾问组深入毕节调研，把关涉全国广大地区长足发展的真知灼见上报中共中央、国务院等。在构建新型政党关系的同时，通过实践探索，为中国特色社会主义协商民主建设提供了新的范例。毕节试验区的多党合作实践，是回应党的十八大要求，统一战线要"促进思想上同心同德、目标上同心同向、行动上同心同行"的生动体现。

第七章　多党合作共筑中国梦的毕节价值

一　中国梦凝聚夙愿、凝聚中国力量

只有创造过辉煌的民族，才懂得复兴的意义；只有历经过苦难的民族，才对复兴有如此深切的渴望。

近代以来，中华民族遭受的苦难之重、付出的牺牲之大，在世界历史上都是罕见的。但是，中国人民从不屈服，不断奋起抗争。为了民族复兴，几代人魂牵梦萦，亿万人心结难解。历经上下求索、千辛万苦，中华民族终于在中国共产党的正确领导下，掌握了自己的命运，成立了中华人民共和国，确立了社会主义制度，开始了建设自己国家的伟大进程。

改革开放以来，我们总结历史经验，不断艰辛探索，终于找到实现中华民族伟大复兴的正确道路，取得了举世瞩目的伟大成就。在中国特色社会主义道路上，我国经济实力、综合国力大大增强，人民生活显著改善，实现了从温饱不足到总体小康再向全面小康迈进的跨越，国际地位和国际影响力空前提升。

经过鸦片战争以来 170 多年的持续奋斗，中华民族伟大复兴展现出光明的前景。深藏于中国人民心中的民族复兴梦想，终于不再是空中楼阁，而犹如地平线上跳动着的朝阳，喷薄而出。正如习近平总书记指出的："现在，我们比历史上任何时期都更接近中华民族伟大复兴的目标，比历史上任何时期都更有信心、有能力实现这个目标。"①

中国梦，反映了近代以来一代又一代中国人的美好夙愿，进一步揭示了中华民族的历史命运和当代中国的发展走向，指明了全党全国各族人民共同的奋斗目标。这一重要战略思想，充分体现了我们党高度的历史担当和使命追求，是新一届中央领导集体对全体人民的庄严承诺，是党和国家面向未来的政治宣言，为坚持和发展中国特色社会主义注入了新内涵。

中国梦视野宽广、内涵丰富、意蕴深远。习近平总书记指出，"中国梦的本质是国家富强、民族振兴、人民幸福"②。这个梦想，把国家的追求、民族的向往、人民的期盼融为一体，体现了中华民族和中国人民的整体利益，表达了每一个中华儿女的共同愿景。正因为如此，它具有广泛的包容性，成为回荡在十三亿人心中的高昂旋律。

---

① 《习近平谈治国理政》第二卷，外文出版社，2017。
② 《习近平谈治国理政》，外文出版社，2014。

2013 年 3 月，习近平总书记强调，实现中国梦必须走中国道路，必须弘扬中国精神，必须凝聚中国力量。这"三个必须"，为我们党团结并带领人民继续把中国特色社会主义事业推向前进，为实现中华民族伟大复兴的中国梦而努力奋斗指明了方向。

实现中国梦必须走中国道路，就是中国特色社会主义道路。道路决定命运，没有正确的道路，再美好的愿景、再伟大的梦想，都不能实现。习近平总书记指出，中国特色社会主义"这条道路来之不易，它是在改革开放三十多年的伟大实践中走出来的，是在中华人民共和国成立六十多年的持续探索中走出来的，是在对近代以来一百七十多年中华民族发展历程的深刻总结中走出来的，是在对中华民族五千多年悠久文明的传承中走出来的，具有深厚的历史渊源和广泛的现实基础"①。

实现中国梦必须弘扬中国精神，就是以爱国主义为核心的民族精神和以改革创新为核心的时代精神。伟大的梦想，需要伟大的精神作支撑。没有振奋的精神、没有高尚的品格、没有坚定的志向，一个民族不可能自立于世界民族之林。以爱国主义为核心的民族精神和以改革创新为核心的时代精神，是凝心聚力的兴国之魂、强国之魂。爱国主义始终是把中华民族团结在一起的精神力量，改革创新始终是鞭策我们在改革开放中与时俱进的精神力量。要弘扬这种伟大的

---

① 《十八大以来重要文献选编》上，中央文献出版社，2014。

民族精神和时代精神，需要不断振奋全民族的精气神，不断增强团结一心的精神纽带、自强不息的精神动力，永远朝气蓬勃地迈向未来。

实现中国梦必须凝聚中国力量，就是全国各族人民大团结的力量。各族人民大团结的力量，是克服各种困难、战胜风险挑战的决定性因素。在中国这样一个国家，各族人民就像是在大海中航行的这艘巨轮上，每个人都是"梦之队"的一员，都是中国梦的参与者、书写者，都应当同舟共济、齐心协力，推动"中华号"巨轮乘风破浪、奋力前行。只要我们紧密团结，万众一心，为实现共同梦想而奋斗，实现梦想的力量就无比强大，我们每个人的梦想就会拥有广阔的空间。生活在我们伟大祖国和伟大时代的中国人民，共同享有人生出彩的机会，共同享有梦想成真的机会，共同享有同祖国一起成长与进步的机会。

人间万事出艰辛。实现中华民族伟大复兴，是一项光荣而艰巨的事业，需要每一个人付出艰苦努力，用实干托起中国梦。空谈误国，实干兴邦，奋斗成就伟业。实现中国梦，最终要靠全体人民的辛勤劳动。

实现中国梦任重而道远。

二　下达消灭贫困决战令

一直以来，贫困问题是掣肘人类生存和发展的关键因素，消除贫困也是人类社会的共同理想。中国作为世界上最大的发展中国家，贫困问题是影响中国改革发展最现实和最直接的因素，解决贫困问题成为工作的重中之重。在十八届五中全会上，扶贫开发作为"十三五"规划的十个目标任务之一，成为未来五年我国全面建成小康社会的关键。

十八届五中全会是在当前特殊历史时期召开的一个关键性会议，在未来的五年，要实现经济社会的跨越转型，实现小康社会的全面建成，实现第一个一百年的奋斗目标，意味着国内7000万贫困人口将要在这五年时间里实现脱贫，解决区域性整体贫困，其责任之重、难度之大、规模之广世所罕见。"惟其艰难，才更显勇毅；惟其笃行，才弥足珍贵"，"十三五"规划扶贫开发目标任务的提出，显示了党和国家全面建成小康社会的决心和意志。对于毕节试验区人民而言，"十三五"是消除贫困、共同富裕的历史担当，是全面发展、包容发展的时代格调，是人生出彩、梦想成真的成长机遇，是拥抱小康、奔向复兴的科学规划。

"小康不小康，关键看老乡"，建成小康社会的关键就在于"全面"，而农村和贫困地区无疑成为全面建成小康社会的一大短板，也是"十三五"扶贫开发打赢攻坚战的主战场，没有农村的小康，特别是没有贫困地区的小康，就不是全面建成的小康社会，"一个都不能少，一个都不能掉队"是"十三五"扶贫攻坚的基本信念。未来五年的扶贫攻坚，是多领域、多主体、多层次的系统协同推进，实现不分地域、不分群体、不分层级、不分民族的全面小康。通过省、市、县、乡、村五级联动的扶贫治理格局；通过精准扶持对象、项目安排、资金使用、措施到户、因村派人、脱贫成效的"六个精准"扶贫，以及因人因地施策、因贫困原因施策、因贫困类型施策的分类扶贫方略；通过扶持生产和就业发展一批、易地搬迁安置一批、生态保护脱贫一批、教育扶贫脱贫一批、低保政策兜底一批的"五个一批"扶贫开发措施，让更多的人能够享受改革发展的成果，赢得人生出彩和梦想成真的机会。"十三五"扶贫开发目标任务的提出，谱写了扶贫攻坚的时代乐章。

11月23日，十八届五中全会后的首次中央政治局会议又重点研究部署扶贫攻坚，会议审议通过了《关于打赢脱贫攻坚战的决定》，明确指出，要"采取超常规举措，拿出过硬办法，举全党全社会之力，坚决打赢脱贫攻坚战"。这是以习近平总书记为核心的党中央领导全国人民消灭贫困的决战命令。

习近平早在《摆脱贫困》一书中就指出了脱贫攻坚战的作战手段，他提出扶志、扶智与扶贫的"三扶观"。他说，"扶贫先要扶志""弱鸟可望先飞，至贫可能先富，但能否实现'先飞'、'先富'，首先要看我们头脑里有无这种意识"。他还同时指出教育扶贫（即扶智）的重要意义。

三　落实殷殷嘱托

早在2014年5月，习近平总书记就对建设好毕节试验区提出要求，建设毕节试验区不仅是毕节发展、贵州发展的需要，对全国其他贫困地区发展也有重要示范作用。要求有关方面继续关心支持毕节发展；要求试验区进一步深化改革，锐意创新，埋头苦干，同心攻坚，努力实现人口、经济与资源环境协调发展，为贫困地区全面建成小康社会闯出一条新路子，同时也在多党合作服务改革发展实践中探索新经验。

高屋建瓴的判断，深切的关怀，对毕节试验区的改革发展寄予了厚望、指明了方向、提供了强大的精神力量。

6月21日，省委、省政府主持召开的毕节试验区全面深化改革推进大会在毕节举行。会议以科学发展观为指导，在"开发扶贫、生态建设、人口控制"三大主题上已经取得显著成绩的毕节试验区，又吹响了全力推动实现新跨越的冲锋号。

1988年6月9日，为破解"经济贫困、生态恶化、人口膨胀"的恶性生存怪圈，毕节试验区建立，开启了探索贫困地区科学发展的伟大实践。30多年来，在党中央、国务院，省委、省政府的正确领导下，在中央统战部、各民主党派中央、全国工商联、毕节试验区专家顾问组以及各级各部门的倾力帮扶下，毕节试验区干部群众以"坚定信念、艰苦创业、求实进取、无私奉献"的精神，奋力后发赶超，顽强拼搏进取，取得了人民生活从普遍贫困到基本小康、生态环境从不断恶化到明显改善两大跨越的显著成绩，实现了社会生产力、经济实力和人民生活水平的大幅上升，把毕节推向了全面小康的"快车道"。

2011 年 5 月 21 日，为推动毕节试验区新一轮改革发展，省委、省政府召开了推动大会，出台了改革发展意见，围绕着"五年大见成效，十年实现跨越"的发展目标，毕节试验区在经济实力、三化同步、开发扶贫、生态环境、社会事业、基础设施等方面都取得了丰硕成果，成为全省加速发展的缩影。为深入贯彻落实习近平总书记对毕节试验区的重要批示精神，全力推进毕节试验区实现新跨越，省委、省政府召开了毕节试验区全面深化改革推进大会，出台了《关于进一步支持毕节试验区全面深化改革发展的若干意见》，对毕节试验区全面深化改革进行动员部署，进一步推动人口、经济与资源环境协调发展，为贫困地区全面建成小康社会闯出一条新路子，在多党合作服务改革发展实践中探索新经验。

学习贯彻习近平总书记重要指示精神，使批示精神生根、开花、结果，就是要在思想上增强建设好试验区的责任感和使命感，增强建设好试验区的积极性和主动性，增强建设好试验区的信心和决心；在行动上要进一步深化改革，解放思想、更新观念，着力增强干部群众的市场经济意识，强化"打破才能得生机"的思维，开拓出改革新天地、发展新境界；要进一步锐意创新，大胆地干、大胆地闯，以新眼光把握新机遇，以新思路谋求新发展，以新方法解决新问题，以新措施赢得新成效；要进一步埋头苦干，自强不息、自力更生，像文朝荣同志那样"把肩膀当作地皮磨"，不怨天尤人，不等靠观望，一点一点地改变面貌；要进一步同心攻坚，形成多方参与、相互支持、共促落实的新格局，开创多党合作服务改革发展实践的新篇章。

当前，毕节试验区已站在后发赶超的新起点，迈向了加快全面小康建设的新征程。一定要准确把握毕节试验区的战略地位，责无旁贷地承担起改革、创新、探索、示范的责任，以总书记重要批示精神为引领，聚集各方力量，更加积极主动地投入各项改革试验中去，要在坚持守住发展和生态"两条底线"，在坚持抓好改革开放，在坚持结构调整、产业升级，在坚持就业第一、促进民生发展，在坚持教育优先、提高人口素质，在坚持持之以恒、扎实推进精准扶贫，在坚持多党合作服务改革发展实践方面闯新路、做示范。

四　决战贫困提速赶超同步小康

为深入贯彻落实党的十八大，十八届三中、四中全会，习近平总书记等中央领导关于毕节试验区重要指示精神和省委系列决策部署，加快毕节试验区新一轮改革发展步伐，2015 年 5 月，中共毕节市委就决战贫困、提速赶超、同步小康做出决策。

指导思想上，要求深入贯彻落实习近平总书记系列重要讲话和关于毕节试验区的重要指示精神，坚守"两条底线"，深化"三大主题"实践，以"决战贫困、提速赶超、同步小康"为统领，以结构调整、转型升级为主线，以扶贫攻坚"六项行动"为切入点，以统一战线为平台，以改革创新为动力，以加强党的建设为保障，确保到 2018 年全面脱贫摘帽、2020 年与全国同步全面建成小康社会。

发展思路上，要求统筹推进建成小康社会、深化改革、依法治市、从严治党"四个全面"战略布局，突出抓牢现代农业、做强新型工业、加速城镇开发、壮大主导产业、保障民生事业"五大重点"，抓好重点项目、美丽乡村、文化旅游、教育医疗、生态建设、多党合作"六件大事"，实现产业提质、改革开放、民营经济、精准扶贫、人口控制"五大突破"，努力把毕节建设成为科学发展试验区、现代产业集聚区、创新扶贫示范区、生态文明先行区、多党合作示范区。

奋斗目标上，要求加快一个赶超：到 2018 年和 2020年，农村居民人均可支配收入分别在 9500 元、11000 元以上，力争超过全省平均水平。完成三项任务：到 2018 年，森林覆盖率在 52% 以上，环境保护各项指标走在全省前列；人口自然增长率控制在 5.5‰ 左右；小康实现程度 90% 以上；5 个国家扶贫开发工作重点县、173 个贫困乡镇全部实现省级"脱贫摘帽"。到 2020 年，以县为单位人均生产总值在 3.5 万元以上，小康实现程度 95% 以上，实现与全国同步小康。为贫困地区全面建成小康社会闯出新路子，为多党合作服务改革发展实践探索新经验。推动六大跨越：传统农业向山地现代高效农业跨越，资源型工业向节约集约型新型工业化跨越，粗放扩张城镇向品位提升的山地特色新型城镇化跨越，区域发展由条块分割向规模集聚跨越，社会建设由低水平托底向多元化保障跨越，政府职能由管理型向服务效能型跨越。

五　凝心聚力、服务大局

2015 年 5 月 31 日至 6 月 2 日，中共中央政治局委员、中央统战部部长孙春兰到毕节试验区调研。

参与毕节试验区建设，是统一战线凝心聚力、服务大局的成功实践。孙春兰非常关心试验区建设，她来到赫章县平山乡江南村"同心"新村，深入了解村民生产生活情况；到核桃科技文化综合展示区、生物药业产业园、现代农业科技示范园，了解特色产业发展经验。她指出，30 年来，在几任党中央领导同志的亲切关怀下，各民主党派中央和全国工商联接续帮扶，省委、省政府带领毕节干部群众围绕"开发扶贫、生态建设、人口控制"三大主题，经过艰苦奋斗，实现了人民生活从普遍贫困到基本小康、生态环境从不断恶化到明显改善的跨越。十八大以来，党中央高度重视毕节试验区工作，习近平总书记做出重要批示，要求试验区为贫困地区全面建成小康社会闯出一条新路子，在多党合作服务改革发展实践中探索新经验。当前，就是要充分发挥统一战线优势，在服务大局中有新作为。要进一步整合资源、突出特色，科学帮扶、精准帮扶，把毕节打造成统一战线服务改革发展试验区、多党合作示范区，为统一战线围绕中心、服务大局积累更多经验，发挥示范作用。

在与贵州省各民主党派、工商联负责人、无党派人士和统战干部座谈时，孙春兰指出，各级统一战线组织要把贯彻中央统战工作会议精神作为首要任务，在深刻领会精神实质、扎实推动落实上下功夫，务求实效。要努力创新思路、改进方法，在服务"四个全面"战略布局中有新作为，在发挥多党合作制度优势上有新成效，在团结引导新的社会阶层人士上有新举措，不断巩固发展最广泛的爱国统一战线。

六　心手相连，同心攻坚

2015年7月17日，市委统战工作会议召开。会议强调，为毕节试验区实现决战贫困、提速赶超、同步小康，凝聚共识、人心、智慧和力量，唱响"同心毕节"主旋律，努力把毕节建设成为统一战线服务改革发展的试验区、多党合作示范区。

陈志刚强调，要深入贯彻落实中央统战工作会议精神，切实增强做好统战工作的使命感和责任感。统一战线优势独特、内涵丰富，我们务必深刻领会、准确把握；统一战线对毕节试验区贡献巨大、意义特殊，我们务必倍加珍惜；统一战线是开发扶贫的重要外援、动力杠杆，我们务必坚定信心、助推发展。全市各级各部门要充分认识统一战线工作在新的历史条件下的时代责任、重大意义和重要作用，进一步凝聚共识、明确方向，把统一战线工作作为新时期推动毕节试验区实现脱贫摘帽和全面建成小康的重要法宝来运用。要充分发挥统一战线"三个重要法宝"的作用，为贫困地区全面建成小康社会闯出一条新路子，在多党合作服务改革发展实践中探索新经验，努力把毕节建设成为统一战线服务改革发展试验区、多党合作示范区。

陈志刚强调，全市各级各部门要结合中央统战工作会议精神，突出重点，把握关键，全力推动统一战线服务改革发展。一是要突出聚合统一战线资源，在大统战促进大开放上开创新局面。人才荟萃、联系广泛的统一战线是毕节试验区争取上级支持的"直通车"、连接外部的"立交桥"、连通世界的"亲情网"，各级各部门要将自身需求和统一战线优势有效嫁接起来，在争取支持、扩大开放上实现新突破。二是要突出经济统战作用，为贫困地区全面建成小康社会闯出新路子。发挥好经济统战的作用是试验区统战工作的重中之重，要高度重视发展非公有制经济，着力营造全民创业的良好环境，用好统战资源优势来助力招商引资工作，用活统战思维吸引本乡本土人才回乡创业，助推农村发展。三是要突出建好统一战线平台，在多党合作服务改革发展中探索新经验。要用国际视野和世界眼光来观察和分析毕节统战工作的特殊价值，找到国际支点，努力在多党合作服务改革发展的实践中丰富和完善中国特色社会主义政党制度内涵。着力抓好民主党派组织建设，夯实基层基础。搞好合作共事，切实做好党外人士的政治安排和实职安排，在共同奋斗实践中把毕节建成党外人士价值凸显的"试验田"。积极培育打造多党合作品牌，全力把毕节打造成独一无二的"统战之城""同心之都"。四是要突出统一战线的社会服务功能，在促进民族团结、宗教和谐上做出示范。全市各级各部门务必立足抓好民族工作，把全市所有的少数民族乡的脱贫工作摆在决战贫困的首要位置，确保少数民族乡、少数民族贫困人口同步实现小康。要认真梳理国家支持民族地区发展的优惠政策，精心策划一批民族地区基础设施发展项目，在民族地区建设一批农业产业发展、旅游休闲度假、民族文化保护和生态文明建设的示范典型。要深入挖掘民族文化资源，做大做强民族文化品牌，建设一批文化产业基地和区域特色文化产业群。

陈志刚要求，各级党组织、有关单位和统战部门务必切实履责尽职，加强领导，夯实保障，形成齐抓共管的工作合力和工作格局，全力推动统战工作迈上新台阶。一是各级党委要善抓统战工作，提升多党合作水平；二是各级各部门要用统战思维谋划工作，用好统战方法，形成统战工作合力；三是统战部门要强化自身建设，守土有责、主动作为。统战工作肩负着光荣的使命，全市上下要充分发挥统一战线的"法宝"作用，用足、用好、用活毕节试验区统战资源优势，把团结人、凝聚人贯穿工作的始终，渗透到各个方面，唱响好声音、汇聚正能量，奋发有为、扎实工作，为推动毕节试验区决战贫困、提速赶超、同步小康做出新的努力和贡献。

七 坚决打赢"113 攻坚战"

毕节市委二届一次全会以来，市委常委会全面贯彻落实党的十八大和十八届中央历次全会精神，认真学习宣传贯彻党的十九大精神，以习近平新时代中国特色社会主义思想为指引，按照"113 攻坚战"的总体部署，团结带领全市干部群众，接好薪火相传接力棒，跑好同步小康冲刺跑，全市上下团结奋进，奋力拼搏，全市各级党组织和广大党员干部牢固树立"四个意识"，坚定"四个自信"，始终看齐核心、维护核心、拥戴核心，自觉在思想上、政治上、行动上与以习近平同志为核心的党中央保持高度一致。党的十九大胜利召开后，全市上下迅速掀起了学习宣传贯彻党的十九大精神的热潮，更加坚定了践行"两新"使命、打赢脱贫攻坚战、实现同步小康的信心和决心，"撸起袖子加油干、迈开步子加快赶"的良好氛围形成。

市委常委会紧紧围绕省委常委会关于"坚持三大主题，建设四个高地，打造毕节试验区改革发展升级版"的要求，市第二次党代会明确提出了"聚焦'创新发展、同步小康'目标，突出'大党建'统领，围绕'大扶贫、大安全、大发展'三个重点，推进新型工业化、新型城镇化、农业现代化、全域旅游化和信息化融合发展，坚决打赢'113 攻坚战'"的总体思路。确立了"今后五年经济发展速度实现'两个高于'、实现'三个如期'、达到'四个翻番'，把毕节建设成为科学发展试验区、现代产业集聚区、创新扶贫示范区、生态文明先行区、多党合作示范区"的奋斗目标。

实践证明，这些发展思路和奋斗目标符合中央和省委要求，切合毕节实际，顺应群众期盼，是引领毕节改革发展的鲜明旗帜，已经成为全市上下共同努力的方向。

毕节市按照"组织化运行、基地化推进、项目化落实、品牌化提升"的要求，着力打造多党合作新品牌。把毕节试验区建立 30 周年"1+N"系列活动作为统战工作的"一号工程"，承办了全国"万企帮万村"精准扶贫行动片区座谈会，民建、民革、致公党、中华职教社等到毕节市开展系列重大活动，加快推进 58 个统一战线帮扶观摩点建设。完成中央统一战线聚力毕节脱贫攻坚帮扶项目 114 项，投入帮扶资金 4256.99 万元，培训各类人才 20591 人次，资助贫困学生 3515 名，对口帮扶学校 6 所、医院 17 个。民建会员企业中天金融集团捐资 2 亿元帮扶黔西、赫章的学校、医院项目建设顺利推进。推动市内民主党派基层组织与发达地区民主党派基层组织缔结友好合作关系 18 个。

八　乌蒙高原爽，扬帆争朝夕

毕节试验区的诞生，拉开了中国共产党领导的多党合作助推贫困地区发展的序幕；毕节试验区的跨越发展，书写了统一战线服务改革发展的辉煌篇章。

毕节试验区是与统一战线有着特殊情节的地方，毕节试验区 30 多年的辉煌发展凝聚着统一战线的心血；毕节试验区未来的发展与同步小康目标的实现离不开统一战线的倾力支持。习近平总书记"为贫困地区全面建成小康社会闯出新路子、在多党合作服务改革发展实践中探索新经验"的殷切期望，将鞭策毕节试验区谱写统一战线工作的新篇章。

统一战线 30 多年来参与支持毕节试验区发展建设的实践，积累了中国共产党领导的多党合作助推贫困地区发展的成功经验，充分体现了社会主义制度的优越性。

毕节试验区的建立和 30 多年的成功实践是中国共产党领导的多党合作、民主科学决策推动喀斯特地区实现可持续发展的伟大壮举，丰富了中国特色社会主义政党制度的理论宝库；开辟了多党合作致力中国特色社会主义事业发展的新空间，是新时期中国共产党与各民主党派"长期共存、互相监督、肝胆相照、荣辱与共"关系的具体体现。统一战线在推动毕节试验区实现人民生活从普遍贫困到基本小康、生态建设从不断恶化到明显改善的跨越过程中，彰显了中国共产党领导的多党合作和政治协商制度的强大生命力，体现了社会主义制度的巨大优越性。

统一战线是我们党取得革命、建设和改革胜利的重要法宝，也是毕节试验区 30 多年实现跨越发展的力量源泉。在新形势下，统一战线将在服务"四个全面"的战略布局中有新作为，在发挥多党合作制度优势上有新成效。

乌蒙高原爽，扬帆争朝夕。毕节试验区人民将以习近平新时代中国特色社会主义思想为指引，为决战贫困凝聚最广泛的力量，在同步小康的进程中探索出多党合作服务改革发展的新经验，不辜负习近平总书记的亲切关怀与殷切期望，不辜负毕节试验区这方神奇而美丽的热土。

后　记

  本书是谱写中国梦贵州篇章红色文库的重点选题之一，在编写过程中，得到了贵州省委宣传部、贵州省委党史研究室、贵州省文化和旅游厅的大力支持，毕节市史志办具体承担了日常工作。

  本书的编写得到了省市县有关专家的倾情帮助。徐静同志主持召开了课题专家咨询会，对课题大纲设计、课题撰写提出了宝贵的意见；高隆礼、潘圣群先后承担了本书的主编工作，吴南剑承担了前言、第一章、第七章的撰写工作，饶艳兰承担了第二章、第三章的撰写工作，刘宇承担了第五章、第六章的撰写工作，王显承担了第四章的撰写工作；冯祖贻等专家、学者对初稿提出了宝贵的修改意见。

  本书存在的疏漏和不足之处，敬请读者批评指正！

2019 年 7 月

图书在版编目（CIP）数据

乌蒙山上同心结：多党合作在贵州的实践深化／中
共毕节市委党史研究室（毕节市地方志编纂委员会办公室）
著. -- 北京：社会科学文献出版社，2019.8
（谱写中国梦贵州篇章红色文库. 赶超步履篇）
ISBN 978-7-5201-4266-3

Ⅰ.①乌…　Ⅱ.①中…　Ⅲ.①多党合作-研究-贵州
Ⅳ.①D613

中国版本图书馆 CIP 数据核字（2019）第 024082 号

谱写中国梦贵州篇章红色文库·赶超步履篇

乌蒙山上同心结
——多党合作在贵州的实践深化

著　者／中共毕节市委党史研究室（毕节市地方志编纂委员会办公室）

出 版 人／谢寿光
责任编辑／崔晓璇
文稿编辑／杨鑫磊

出　　版／社会科学文献出版社·社会政法分社（010）59367156
　　　　　　地址：北京市北三环中路甲 29 号院华龙大厦　邮编：100029
　　　　　　网址：www. ssap. com. cn
发　　行／市场营销中心（010）59367081　59367083
印　　装／三河市龙林印务有限公司

规　　格／开　本：787mm×1092mm　1/16
　　　　　　印　张：15　字　数：156 千字
版　　次／2019 年 8 月第 1 版　2019 年 8 月第 1 次印刷
书　　号／ISBN 978-7-5201-4266-3
定　　价／88.00 元

本书如有印装质量问题，请与读者服务中心（010-59367028）联系